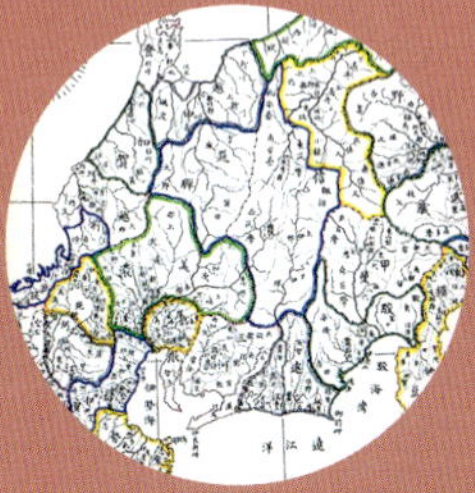

シリーズ【実像に迫る】020

江戸三百藩の崩壊

版籍奉還と廃藩置県

勝田政治
katsuta masaharu

戎光祥出版

はしがき

江戸時代の幕府《ばくふ》と藩《はん》による地方分権国家《ちほうぶんけんこっか》（幕藩制国家《ばくはんせいこっか》）から、天皇を中心とする中央集権国家《ちゅうおうしゅうけんこっか》（近代天皇制《きんだいてんのうせい》国家）を成立させたのが明治維新《めいじいしん》である。そして、ここに江戸幕府（将軍）と藩（大名）は姿を消した。しかし、幕府と藩は同時に消滅したわけではない。幕府の廃絶は慶応《けいおう》三年（一八六七）十二月の王政復古《おうせいふっこ》クーデターであり、藩の消滅はそれから三年八ヵ月後の明治四年（一八七一）七月の廃藩置県《はいはんちけん》であった。

江戸幕府を倒して成立した新政府が、藩をも超越した絶対的な権力を持っていたならば、返す刀で藩も消し去って、一挙に中央集権国家を創出することは容易であろう。しかし、こうしたズレからも明らかなように、王政復古で誕生した維新政府（王政復古から廃藩置県までの政府。廃藩置県後の政府を明治政府と呼んでいる）は、決して当初から廃藩をめざしていたわけではなかった。

そもそも維新政府は、本書で詳述するように諸藩に依拠する政権である。したがって、自らの基盤である藩を残しながら、中央集権化を図るという難しい課題に取り組まざるをえなかったのである。そして、廃藩を意図していなかった維新政府によって、四年後に藩体制は解体された。本書は、藩の依拠から解体へと、どのようにして廃藩が実現したのかをテーマとするものである。

ところで、廃藩置県は中央集権化のために行われたものである。それでは、なぜ中央集権が必要なのだろうか。廃藩置県の詔書《しょうしょ》（天皇の文書）には、その目的が次のように述べられている。詔書の一部を引用しよう（『明治天皇紀』第二。原文をひらがな表記にし、句読点を付した）。

朕惟《ちんおも》ふに更始《こうし》の時に際し、内以《もっ》て億兆《おくちょう》を保安《ほあん》し、外以て万国《ばんこく》と対峙《たいじ》せんと欲せば、宜《よろし》く名実相副《そ》ひ政令一に帰せしむべし……然《しか》るに数百年因襲《いんしゅう》の久き、或《あるい》は其名ありて其実挙らざる者あり。何を以て億兆を保安し、万国と対峙するを得んや。朕深く之を慨《がい》す。仍《よっ》て今更《さら》に藩を廃し県と為す。

明治天皇は即位以来、「億兆を保安」という国民生活の安定と「万国と対峙」のため、「政令」を一つにする中央集権にしようとしてきた。しかし、その「実」が挙がらないので廃藩置県を行う、と詔書は言っている。廃藩置県は「万国と対峙」に必要な中央集権を実現するためであった。「万国と対峙」の意味は、あらゆる国と向きあって立つ、ということである。それでは、万国対峙《ばんこくたいじ》は当時どのように用いられていたのであろうか。

筆者は、万国対峙を明治維新期における国家目標として捉えている。近代国際法《こくさいほう》を掲げる欧米諸国の圧力のなか、明治維新は行われた。当時の国際法は、欧米諸国のみを「文明国」として平等な権利を認め、日本を含むアジア諸国を「半文明国」とみなし、平等な権利は認めないものである（アフリカ地域などは「未開」で「無主の国」として、植民地《しょくみんち》支配の対象とする）。したがって、欧米諸国は「半文明国」である日本（江戸幕府）に対して不平等条約《ふびょうどうじょうやく》を押し付け、日本もそれを甘受せざるをえなかったのである。「万国」とは欧米諸国であり、「対峙」とは対等となることである（勝田政治『明治国家と万国対峙』）。

ここに維新政府は、不平等条約体制から脱却して欧米と肩を並べる、万国対峙を国家目標に掲げたのである。そして、そのための第一歩として、中央集権国家の実現に向けて歩み始める。以下、万国対峙を切り口として、廃藩置県の実相を描き出すことにする。

二〇一九年三月

勝田政治

シリーズ【実像に迫る】020
江戸三百藩の崩壊
版籍奉還と廃藩置県

目次

第三部　ついに廃藩置県が断行される……63

戊辰戦争から廃藩置県へ

▲東台大戦争図（部分）■慶応４年（1868）５月15日の旧幕臣を中心に結成された彰義隊と新政府軍の戦いである上野戦争の様子を描いた錦絵。戦いの舞台は上野寛永寺で、東台とは関東の台嶺、すなわち寛永寺のことである　国立国会図書館蔵

▲遷都鳳輦品川通御之図■明治天皇の東幸の様子を描いている　品川区立品川歴史館蔵

◀東京名所 内桜田■明治元年（1868）の作で、当時の江戸城の様子が描かれている。作者は二代目歌川国輝である　足立区立郷土博物館蔵

▲戊辰所用錦旗及軍旗真図■戊辰戦争の際に官軍が用いた錦旗と軍旗を精密に模写した図である　国立公文書館蔵

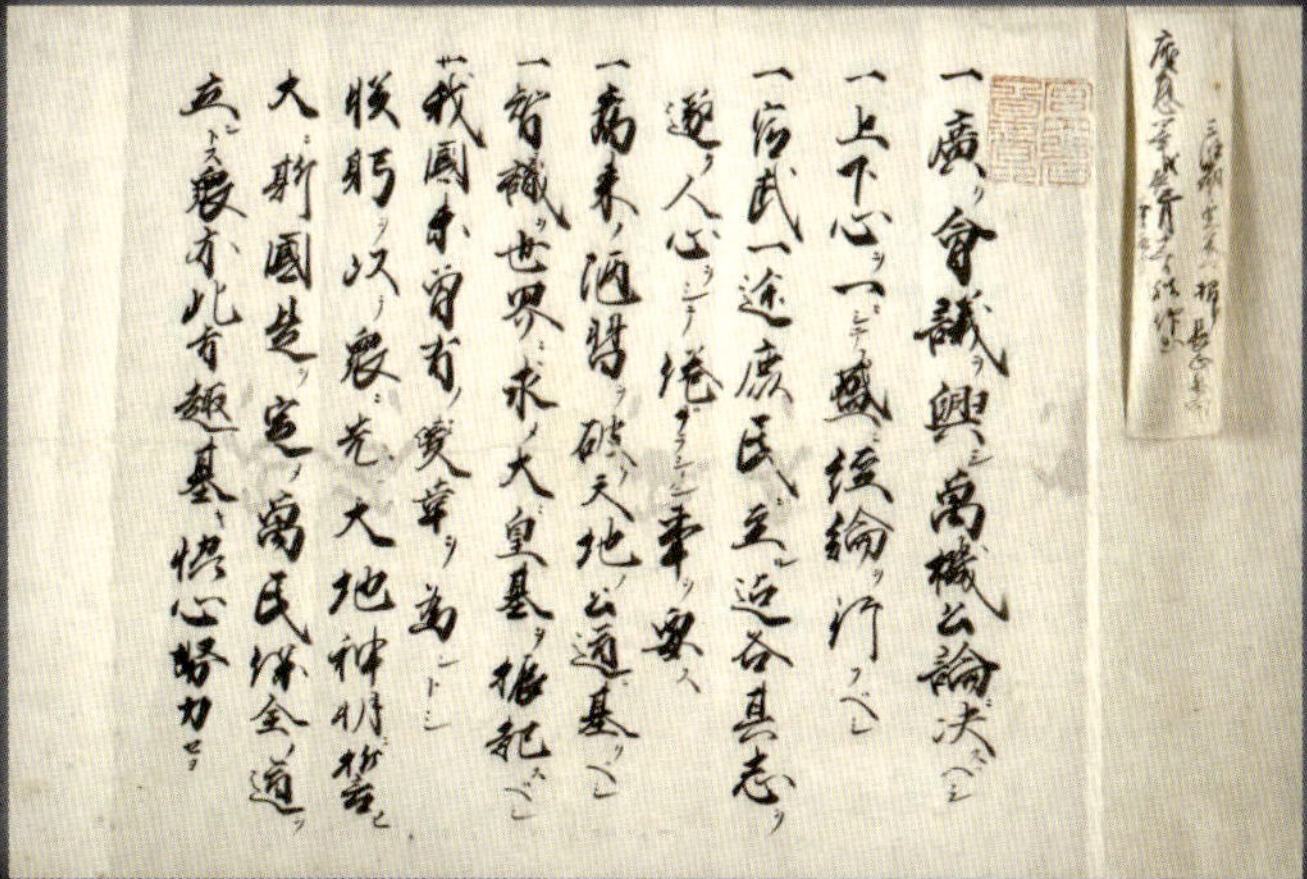

一廣ク會議ヲ興シ萬機公論ニ決スヘシ
一上下心ヲ一ニシテ盛ニ經綸ヲ行フヘシ
一官武一途庶民ニ至ル迄各其志ヲ遂ケ人心ヲシテ倦マサラシメン事ヲ要ス
一舊來ノ陋習ヲ破リ天地ノ公道ニ基クヘシ
一智識ヲ世界ニ求メ大ニ皇基ヲ振起スヘシ
我國未曾有ノ變革ヲ為ントシ朕躬ヲ以テ衆ニ先ンシ天地神明ニ誓ヒ大ニ斯國是ヲ定メ萬民保全ノ道ヲ立ントス衆亦此趣旨ニ基キ協心努力セヨ

◀五箇条御誓文■慶応4年（1868）3月、明治天皇が神に誓う形で発表された政府の基本方針である。有栖川宮幟仁親王の御筆　宮内庁書陵部蔵

▶日田県札■慶応４年（1868）、豊前国と豊後国（現在の大分県全域と福岡県東部）の政府直轄地を管轄するために設置された日田県が発行したものである　日本金融研究所貨幣博物館蔵

▲新紙幣「明治通宝札」一円紙幣■維新政府にとって財政の統一は不可欠であり、廃藩置県後は各藩で発行されていた藩札が回収され、円単位となった政府紙幣に統一されていった　日本金融研究所貨幣博物館蔵

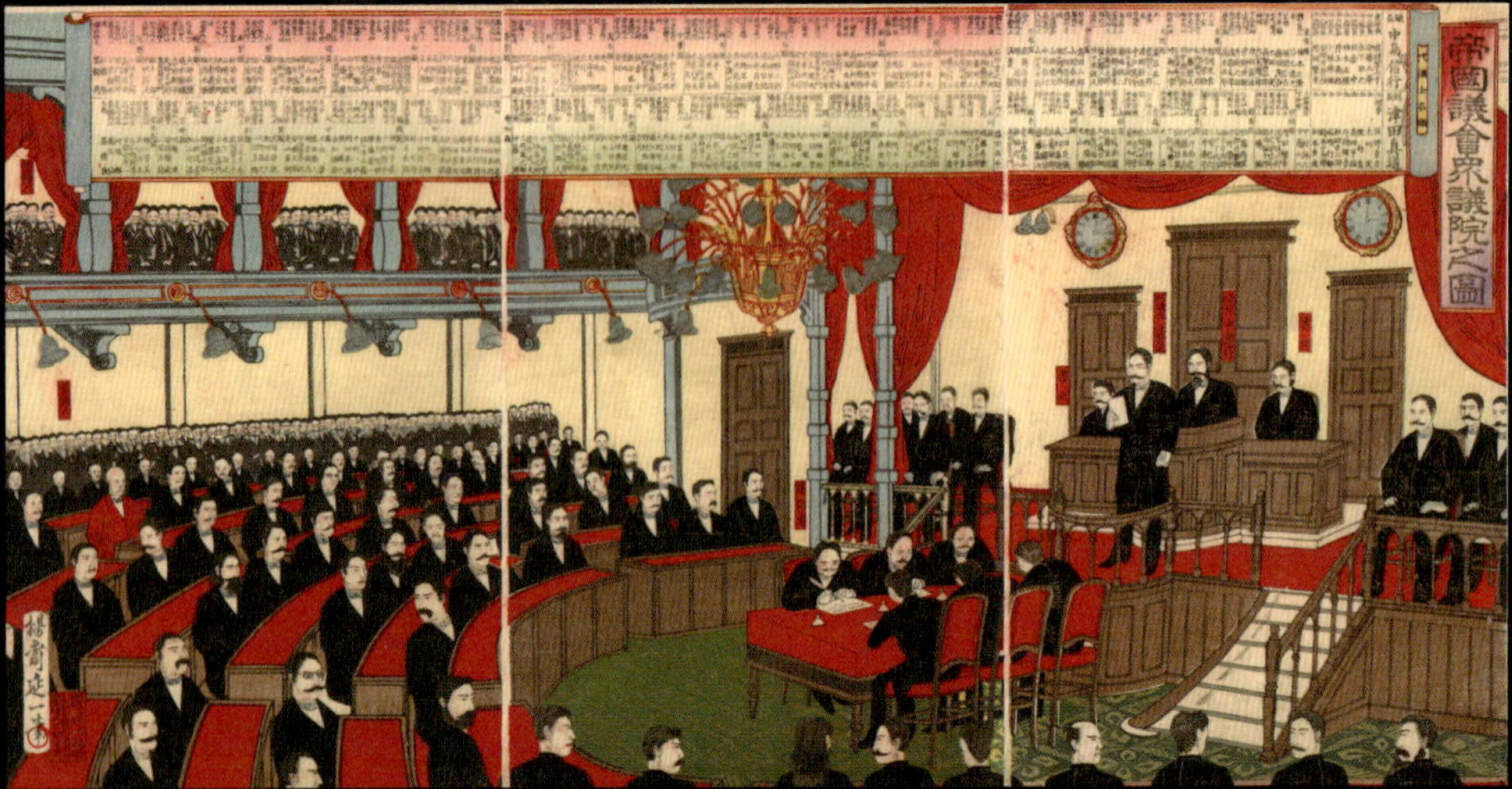

▲帝国議会衆議院之図■廃藩置県により、天皇を中心とする中央集権国家が実現した。その後、天皇の統治のもと、内閣制度の確立や帝国議会の設置など明治政府は発展を遂げていった　個人蔵

第一部　諸藩連合の維新政府

王政復古の大号令により、徳川慶喜は追討され、天皇親政をめざす維新政府が誕生する。各藩から選出された人物が主要ポストに付く諸藩連合政権は、どのような道筋で新しい時代を切り開こうとしたのか？

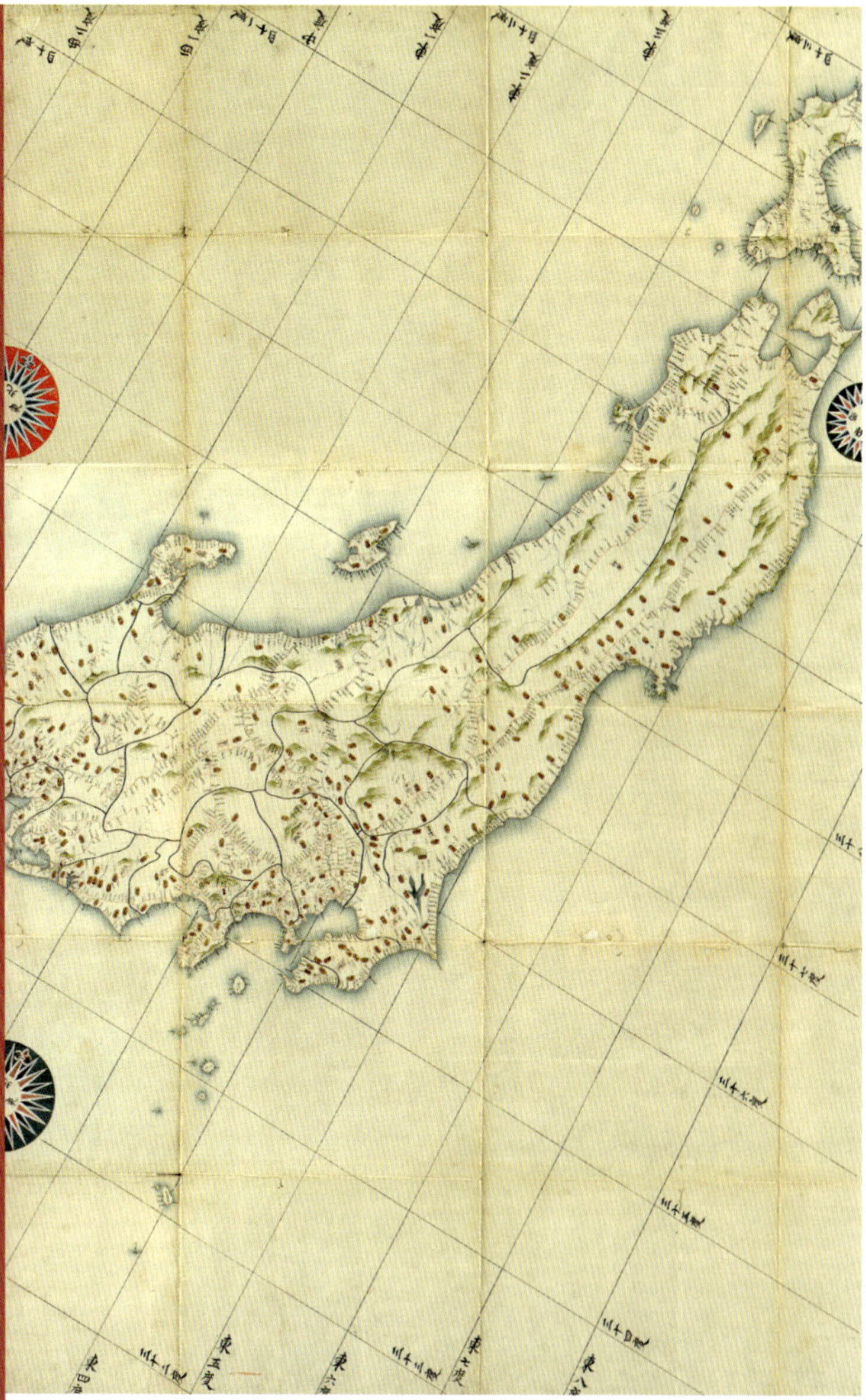

日本図（東日本）■文政10年（1827）頃の作で、江戸時代後期の東日本を描いている　国立国会図書館蔵

第一章　維新政府の誕生

■王政復古のクーデターが起こる■

慶応三年（一八六七）十二月九日、西郷隆盛《さいごうたかもり》が率いる薩摩《さつま》（鹿児島）・土佐《とさ》（高知）・芸州《げいしゅう》（広島）・尾張《おわり》（名古屋）・越前《えちぜん》（福井）の五藩兵が、京都御所《きょうとごしょ》に出動して門を封鎖した。そして、御所のなかでこれまでの主要メンバーを排除するかたちで、新政府の創設が決定された。いわゆる王政復古のクーデターである。新政府の成立宣言である「王政復古の大号令」と呼ばれる文書（諸藩に通告されたのは十二月十四日）には、次のように述べられている。

徳川慶喜《とくがわよしのぶ》の政権返上と将軍職辞退を、このたび天皇が許可した。王政復古によって「国威挽回」（万国対峙）のため、摂政《せっしょう》・関白《かんぱく》・幕府などを廃止する。そこで当面の役職として、総裁《そうさい》・議定《ぎじょう》・参与《さんよ》の三職を置く。すべてのことは神武《じんむ》天皇が国家を創ったように、原点から出発して身分に関わりなく、「公議」によって行うようにする。これまでの「汚習」を洗い流し、忠義を尽くして国家に報いて奉公するように。

京都御所■東京遷都まで使われた天皇の住まい。写真は明治時代のものである　『敷島美観』個人蔵

王政復古とは、万国対峙に向けて幕府のみならず、朝廷の中心であった摂政・関白をも廃止することである。天皇の代行者であった摂政・関白・幕府（将軍）を廃止して、真の天皇親政をめざす政府の創出である。そして、主要ポスト（総裁・議定・参与の三職《さんしょく》）には、王政復古の精神から総裁に皇族が就任し、中核をなす議定や参与には公家とともに、クーデターに参画した五藩から選任されている。

このように新政府は、諸藩連合政権という性格で出発しており、藩に依拠する政権であった。それは、王政復古を外国へ通告する文を検討した、十二月十八日の三職会議にうかがわれる。そこでの文案には、天皇は「列藩同盟の主」であり、政策はすべて「同盟列藩の会議」を経て天皇が決定するとある。会議はこれを承認し、諮問《しもん》された在京の藩主たちも賛成している。

十二月九日の新政府最初の三職会議では、前将軍徳川慶喜の処遇が問題となった。慶喜に官職（内大臣《ないだいじん》）の辞任と領地の返還を要求する辞官納地問題《じかんのうちもんだい》である。新政府創設の中心人物である、参与の岩倉具視《いわくらともみ》や大久保利通《おおくぼとしみち》が慶喜の政治（幕政）責任を追及する立場から、辞官納地を厳しく要求した。しかし、十二月二十四日

小御所会議之図十二号（岩倉具視伝記絵図）■「王政復古の大号令」が出された夜に、京都御所内の建物である小御所で開かれた御前会議の様子を描く　東京大学史料編纂所蔵島津家文書

明治天皇画像■王政復古によって天皇を頂点とする新政府が成立した　『敷島美観』　個人蔵

の三職会議は、納地は強制的な返上ではなく、政府経費のために提供するものとし、量も「天下の公論」で確定することに決定する。

慶喜はこれに対し、徳川家だけではなく諸藩にも領地の提供を求めるべきである、と返答する。慶喜擁護派の勢力により、岩倉具視も翌慶応四年一月初めには、慶喜の辞官後の議定就任と、諸藩による土地の提供を認めた。このままでは、慶喜をも含めた雄藩連合政権となる可能性が大きくなったのである。

■〝朝敵〟慶喜を追討する■

慶応四年一月二日、大坂城（慶喜は前年十二月十二日に京都二条城から大坂城に移っていた）の徳川軍が、「討薩の表」を掲げて、京都に向けて出陣した。「討薩の表」は、王政復古は朝廷の真意ではなく、薩摩藩奸臣《かんしん》の「陰謀」であり、奸臣の引き渡しを

現在の大阪城天守閣■将軍職に就いた慶喜が各国公使と積極的に会見し、幕府の威信回復に努めた拠点であった　大阪市中央区

要求するが、受け入れなければ「誅戮《ちゅうりく》（罪ある者を殺すこと）」を加える、という宣戦布告であった。この報を得た大久保利通は、同日、西郷隆盛に「戦」に及ばなければ、これまでのことは「水泡」となる、と開戦の決意を述べる。そして、翌三日に鳥羽《とば》・伏見《ふしみ》で戦端が開かれ、これから一年半におよぶ戊辰戦争《ぼしんせんそう》となる。同三日、大久保は西郷と協議のうえ、徳川方との戦争の意義を岩倉に次のように主張する。

慶喜の辞官納地を天皇の命令で行わず、三職会議によって骨抜きにされた。さらに、慶喜の京都入りを許して、議定に就任させるならば、王政復古も「水泡」に帰し、絵に画いた餅《もち》となってしまう。これを打開するには「勤王」の藩が戦争を期して、非常の「尽力」に及ばなければならない。

大久保・西郷は、王政復古完遂のためには、徳川との戦争が必要であると訴えたのである。

一月四日、議定の嘉彰《よしあき》親王が征討大将軍《せいとうたいしょうぐん》に任じられ、錦旗《きんき》（天皇の旗）と節刀《せっとう》（天

錦の御旗（錦旗）■朝敵討伐の標として用いられた。戊辰戦争では、錦旗を翻す新政府軍の前に、旧幕軍は意気消沈し、各地で敗退したといわれる　東京都千代田区・靖國神社遊就館蔵

城南宮■大坂から京へ向かった旧幕軍は鳥羽街道を北上し、城南宮から南南西五〇〇メートルの地点に達し、入京を阻止する薩摩軍と対峙した。旧幕軍が強行突破の構えを見せると、城南宮の参道に置かれた薩摩軍の大砲が轟いたという　京都市伏見区

徳川慶喜肖像写真■慶応３年（1867）３月に撮影されたもの。慶喜は弁舌家・理論家・策士といった評価を受け、討幕派にとって危険な人物といわれたという　茨城県立歴史館蔵

皇が与える刀）を授けられて出撃した。いわゆる官軍の登場である。

鳥羽・伏見の戦いは六日、徳川方の敗北に終わり、慶喜は江戸に逃れるために大坂城を脱出する。そして、翌七日には慶喜の追討令が出される。追討令には、慶喜が「戦端」を開いた「反状」は明白であり、朝廷を欺《あざむ》く「大逆無道」であるので、やむをえず「追討」する、と述べられている。ここに、慶喜は「朝敵」となった。

慶喜の追討令は十日、「農商布告」とともに全国に掲示される。「農商布告」は、次のように言う。

これまで徳川が支配していた土地を「天領」と称していたが、これは言語道断である。今後は「往古」のように朝廷の土地に復し、真の「天領」とする。

つまり、旧幕府領を朝廷の直轄地とする宣言であり、朝廷＝新政府が初めて得る

魚三楼の格子■鳥羽・伏見の戦い時の弾痕がある。伏見の街は南半分が戦災で焼失するなど大きな被害が出たが、ここは弾痕のみで焼失は免れた　京都市伏見区

直轄地となった。
クーデター直後、前述したように大久保・岩倉は、天皇の命令による一方的な納地（直轄化）を主張していた。鳥羽・伏見の戦いの勝利を経て、ようやくその意図は実現したことになる。以後、戊辰戦争の「朝敵」藩の領地を没収して直轄地とする。

■諸藩に依拠する政権■

戊辰戦争の官軍（新政府軍）は、薩摩・長州両藩をはじめとする諸藩から構成されていた。いまだ政府直轄軍は編制されておらず、諸藩連合による軍事力であった。維新政府は、薩摩藩を中心とする五藩の力で誕生したように、諸藩に依拠する政権であった。

政府組織である三職の職務を最初に定めたのが、一月十七日の＊三職《さんしょく》七科《しちか》制《せい》である。最高位の総裁は、「万機を総裁し、一切の事務を決す」とある。王政復古の理念から言えば、「万機を総裁」するのは天皇でなければならない。天皇は十五歳という若年で、政治的経験が不十分であった。最終決定権を与えるのは困難であるという事情からであろうが、いまだ官制上には天皇親政は掲げられていない。

つづいて、貢士《こうし》の制を設けている。貢士は、「輿論《よろん》公議」を執るという趣旨から、石高に応じて（大藩は三名、中藩は二名、小藩は一名）、諸藩から藩士を政府に出向

図1■三職七科制の図

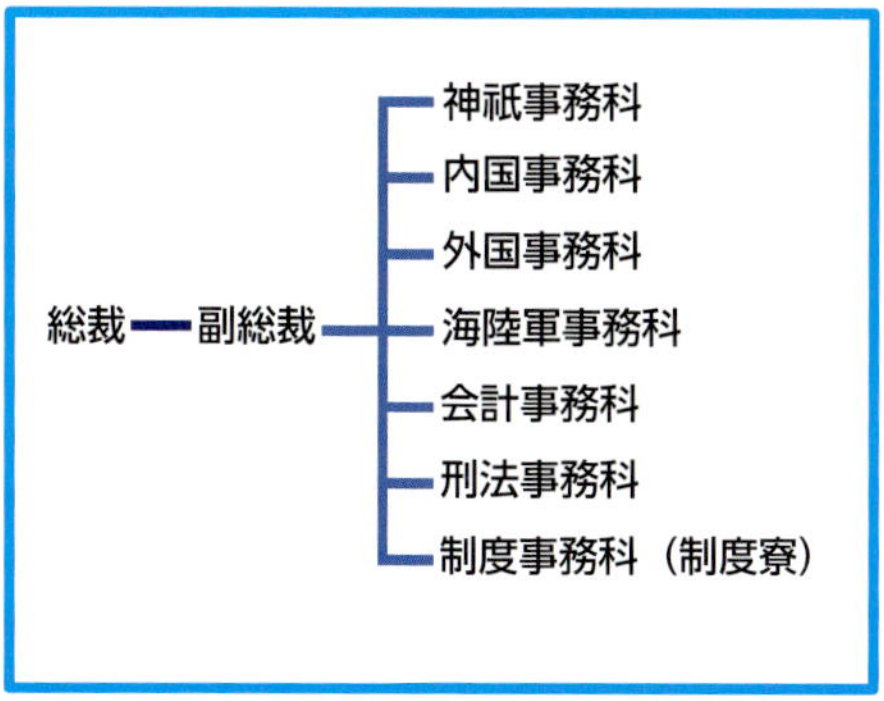

させるものである。各藩の利害を代表する官員である。議定・参与のメンバーも公家のほかは、諸藩主・藩士から選出された。

鳥羽・伏見の戦い後、ほぼ一ヵ月で西日本は平定された。そして、新政府は旧幕府領と「朝敵」諸藩の領地を接収（直轄地化）し、当初は*鎮台《ちんだい》、ついで裁判所を置いている。一月二十一日の大和鎮台をはじめとして、翌二十二日に大坂と兵庫に鎮台が置かれ、その後、裁判所と改組された。

裁判所といっても、当時は司法のみならず、行政も担当する統治機関である。裁判所はその後、四月にかけて、長崎《ながさき》・京都《きょうと》・大津《おおつ》・横浜《よこはま》・箱館《はこだて》・笠松《かさまつ》（岐阜県）・新潟《にいがた》・府中《ふちゅう》（兵庫県）・佐渡《さど》・参河《みかわ》（三河）に設置されている。各裁判所のトップ（総督）には公家が就くが、その下で実務を担当する参謀や参謀助役には、諸藩の藩士が任命されている。

■五か条の誓文と天皇親政■

こうした諸藩連合政権的性格から、天皇親政の実体化を図ったのが三月十四日の五か条の誓文である。誓文は新政府の基本方針であり、「広く会議を興し万機公論に決すべし」が第一条にあるように、公議公論による政治運営を掲げたものとして、よく知られている。同時に、誓文は天皇親政の理念を諸藩主に徹底させるものでも

三井寺からみた大津の街並み■明治時代に撮影されたもので、裁判所が設置された大津の風景がみてとれる。写真奥に広がるのは琵琶湖である　『敷島美観』個人蔵

*鎮台■臨時の軍政機関。

あった。

一月の原案では、天皇が諸藩主会同の席において誓うという形式であった。新政府発足直後の「列藩同盟の主」という天皇の位置づけである。これに対して三月の誓文は、天皇がまず「天神《てんじん》地祇《ちぎ》（すべての神々）」に誓い、藩主と公家が天皇に違反しない誓約を行う、という形式に変更されている。あくまでも天皇が政治的主体で、藩主は天皇に従う存在であることを鮮明にしている。諸藩主の誓約式は、三月十四日から翌明治二年にかけて集中的に行われている（数は少ないが、明治三〜四年にも行われた）。

五か条の誓文の誓約式を通して、藩主たちは天皇と主従関係を結んだことになる。ここに、万機を総裁する天皇の絶対的地位が定められ、天皇親政という方針が確定することになった。なお、誓文が一般に公布されたのは翌十五日である。

誓文と同時に公布されたものに宸翰《しんかん》（天皇直筆の文書）がある。この宸翰は、誓文の趣旨を天皇自らの言葉として表明したものである。そして、天皇の政治的君主を強調するとともに、

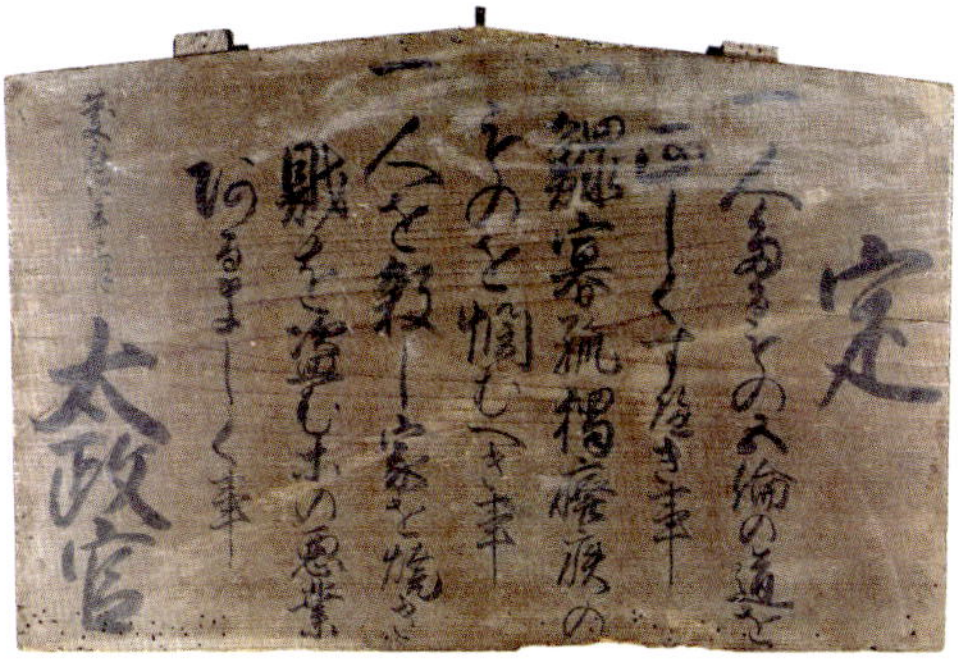

五榜の掲示■五か条の誓文を発布した翌日に掲げた５種の高札の一つ。人民の心得を示している　足立区立郷土博物館蔵

福岡孝弟■土佐藩出身で大政奉還の実現に尽力した。五か条の誓文の起草に参画したことで知られる　『近世名士写真　其1』　国立国会図書館デジタルコレクション

誓文の目的を次のように述べている。
「朕《ちん》（天皇）」が即位して以来、「朝夕」考えていることは、どのようにしたら万国に「対立（向かいあって立つこと。対峙）」することができるかである。諸藩主らと誓った（誓文）ことは、「国威」を四方に宣布して、万国と「対立」するためである。

誓文自体は、五か条を列記したものにすぎないが、宸翰は万国対峙のためであるという。「はしがき」で記したように、万国対峙は維新政府の最上位の国家目標である。五か条の誓文は、万国対峙に向けての意思表明であった。誓文により天皇は、ようやく絶対的地位を占めることになった。以後、天皇の命令によって、維新政府は自らの基盤である藩に対する統制が可能となったのである。

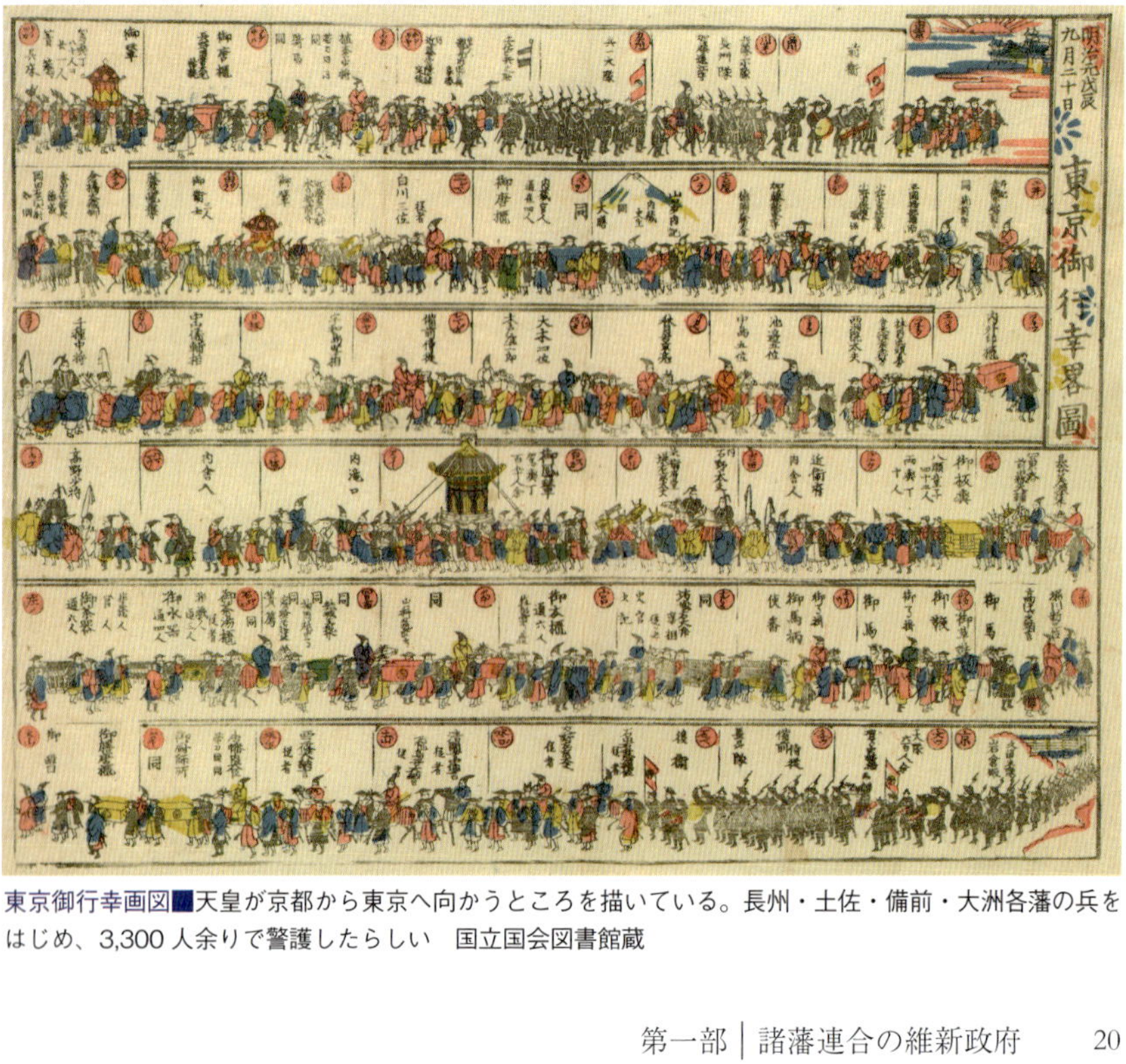

東京御行幸画図■天皇が京都から東京へ向かうところを描いている。長州・土佐・備前・大洲各藩の兵をはじめ、3,300 人余りで警護したらしい　国立国会図書館蔵

第二章 藩の統一化を図る

府藩県三治体制を構築

五か条の誓文公布後の四月十二日、維新政府は諸藩に次のような布告を出した。

さきごろ誓文と宸翰を公布したが、諸藩もその趣意をよく理解して、速やかに法令を大変革するように。たとえ藩成立以来の法令であっても、時勢に合わないものは断然廃棄し、朝廷と諸藩の一体化に向けて全力を尽くせ。「復古」による一新とは、旧習「因循《いんじゅん》」の門閥制度を打破し、「賢才」を登用することである。諸藩で実行されているかどうか確認するため、追々巡察使を派遣する。

誓文を根拠として、諸藩に対する改革要求に着手したのである。

誓文の趣旨に沿った官制改革として、閏四月二十一日に政体書（正確には「政体」のみ）が制定された。天皇親政を制度（官制）面で明確にすべく、これまで「万機を総裁し、一切の事務を決す」とされた総裁を廃止し、「万機を総裁」する天皇の補佐官として輔相《ほしょう》（議定が兼任）を設けている。誓文で絶対的地位を得た、天皇の制度的表現である。

副島種臣■佐賀藩出身で、政府では参与・制度取調局判事を務めて政体書の起草に関わった『近世名士写真其1』国立国会図書館デジタルコレクション

議定は公家と藩主から計十一名となり、参与はすべて藩士で、薩摩・長州・土佐・肥前・越前・肥後各藩から計九名が選出されている。また、立法審議機関として議政《ぎせい》官（上下二局）を設け、上局議員は議定・参与、下局議員は各藩から選出する貢士としている。天皇親政だが、実体は諸藩に依拠する政権であった。

そして、地方を府・藩・県と三区分した。政府直轄地を府・県とし、他の大名領を藩とするものである。地方官（府・藩・県の長官）として、それぞれ「知府事」・「諸侯」・「知県事」を置いた。諸藩に依拠する維新政府は、旧来の藩を地方行政区画としたのである。維新政府は当初、決して藩を廃するような意図は持っていなかった。こうした体制を、府藩県三治体制と呼んでいる。なお、江戸時代以来の大名領を、公式に「藩」と称したのが、この政体書であった。

政体書は、府藩県に対して次のように指示している。

　府藩県とも誓文の趣意に基づいて政令を実施し、独自の爵位授《しゃくいじゅ》与《よ》・貨幣《かへい》鋳造《ちゅうぞう》・外国人雇用、および他藩や外国との条約締結は禁ずる。こうしたことは、「小権」をもって「大権」を犯し、政体を乱すからである。

つまり、温存した藩を中央政府の統制下に置こうとしたのである。

ところで、政体書制定の二日前の閏四月十九日、維新政府は諸侯《しょこう》（各大名）に対し、

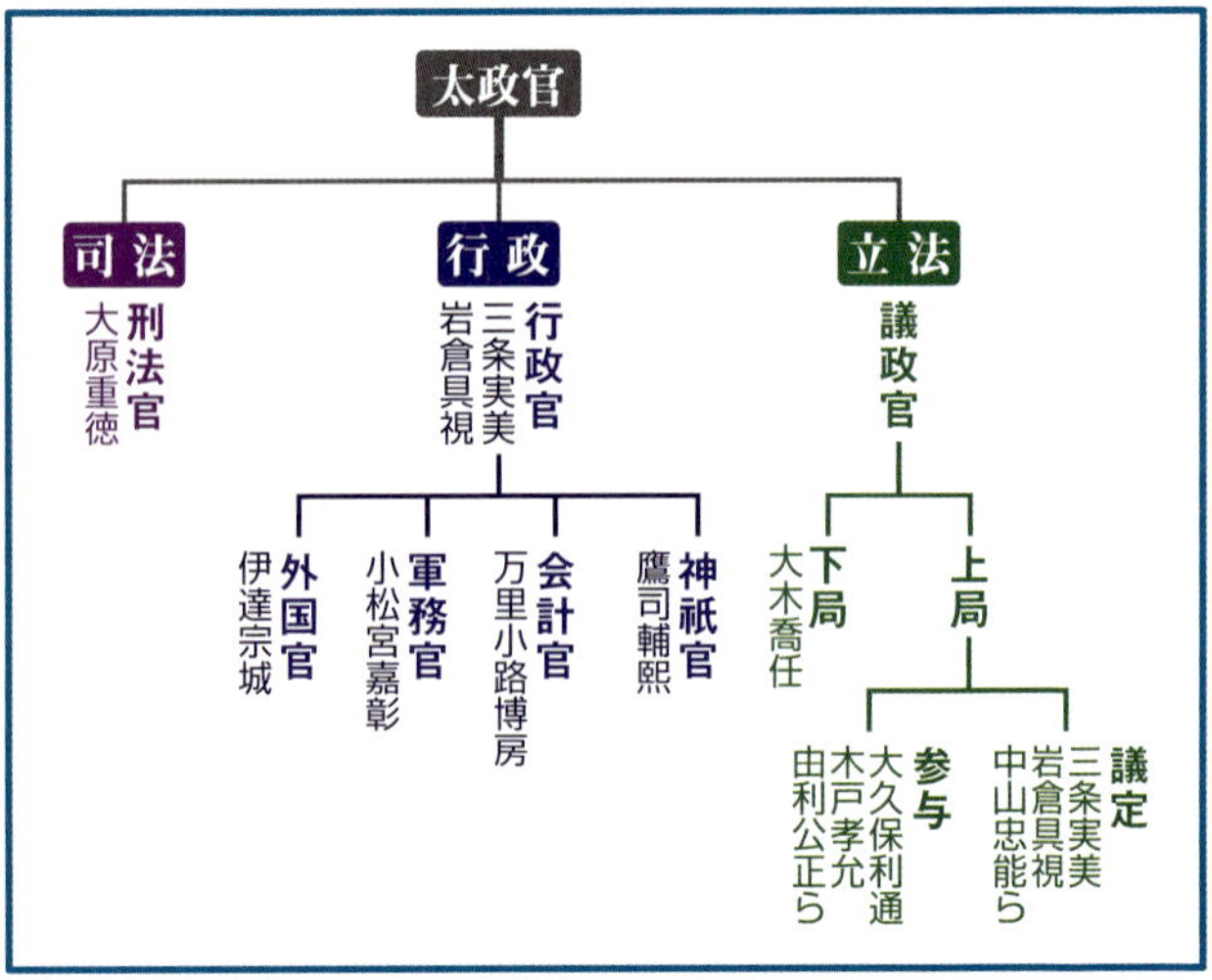

図2　政体制定後の組織図

「領地高」を「改正」するため、旧幕府が与えていた「判物《はんもつ》」を返却するよう要求していた。「判物」とは、江戸時代に徳川将軍が大名に領地とその統治を認めた文書である。これを返還することは、大名が統治権を放棄することを意味する。多くの大名は返還して、一時的にではあれ、領有権を失う状態となった。「判物」返還がのちの版籍奉還《はんせきほうかん》問題と関わってくる。

■府・県を設置する■

政体書で直轄地を府・県としたことから、以後、府や県が置かれていくことになる（前述の裁判所が置かれた地域はその改称）。いち早く平定された西日本から、府や県が設置された。府としては、明治元年閏四月二十四日の京都と箱館、五月二日の大坂、四日の長崎、十一日の江戸（のち東京）、六月三日の越後（のち新潟）、十七日の神奈川、七月六日の渡会《わたらい》、二十九日の奈良、十月二十八日の甲斐などがある。このうち、京都・大坂・江戸の三都以外は、翌二年までには県に改められ、三都のみが府として残る。

県としては、閏四月二十五日の笠松（岐阜県）・大津（滋賀県）・日田《ひた》（大分県）・富高《とみだか》（大分県）・富岡《とみおか》（熊本県）、二十八日の久美浜《くみはま》（京都府）、五月十六日の倉敷（岡山県）、二十三日の兵庫と飛騨《ひだ》（岐阜県）、六月九日の参

東台大戦争図■戦乱の影響で、順調な府・県設置の妨げとなった上野戦争の様子を描いている　国立国会図書館デジタルコレクション

河（愛知県）、二十二日の堺（大阪府）、七月二十七日の柏崎《かしわざき》（新潟県）、八月二日の伊那《いな》（長野県）などがある。

関東地方は、政体書制定後の五月十五日に上野戦争がおこり、以後、戦乱が続いて順調な設置は困難となった。六月二十九日の韮山《にらやま》県と岩鼻《いわはな》県以外は県の設置は遅れ、長官である知県事のみが任命されることになる。六月の下野《しもつけ》知県事・常陸《ひたち》知県事・武蔵《むさし》知県事をはじめとして、以後、八月までに上総《かずさ》知県事、下総《しもうさ》知県事の任命などとなる。関東地方に県が設けられるのは、東北地方と同じく明治二年以降である。なお、明治四年の廃藩置県時における府県数は、三府四一県となっている。

県の知県事には、諸藩の藩士が任命された。そのなかには、のちの明治政府の重職を担う人物がいる。たとえば、日田県知事の薩摩藩士・松方正義《まつかたまさよし》、富岡県知事の土佐藩士・佐佐木高行《ささきたかゆき》、兵庫県知事の長州藩士・伊藤博文《いとうひろぶみ》などである。

維新政府は府・県を設置すると、府・県と藩の一体化を図るようになる。八月五日、京都府職制（七月制定）を諸藩に配布し、それに関する意見を求めている。その指示書は次のようにいう。

> 府藩県一定の規則がなければ、政令が多岐にわたって弊害《へいがい》が多くなる。したがって、さしあたり京都府の職制をモデルとして検討し、八月中に意見を申し出るように。これは、「永世」一定の規則を立てるためである。

この指示に対し、諸藩は次のような答申を提出している。八月十三日の出石《いずし》藩（兵

松方正義■大蔵大臣として日本銀行を設立したり、内閣総理大臣を二度務めたことでも知られる『近世名士写真其1』国立国会図書館デジタルコレクション

庫県豊岡市）は、旧来の政体を変更する意図のようだが、藩には大小があるので、藩の「都合」で構わないのではないかと述べる。八月二十五日、福山藩は、とくに「改正」などしなくとも宜しいのではないかと述べている。藩の方では、一定に向けての「改正」意向は見られない。

統一のために藩治職制を布告

こうした情況のなかで、維新政府は藩の統一に向けて、十月二十八日に藩治職制を布告した。内容は次のようなものである。

府藩県三治一致して「国体」が立つのだが、諸藩の職制は「区々異同」がある。そこで、今後は「同軌」の趣意から、各藩とも執政・参政・公議人に統一するように。執政・参政の任免権は藩主に認めるが、旧来の門閥《もんばつ》にかかわらず登用すること。執政・参政以外の職制は藩主に任せるが、府県に準拠して簡素とし、職制を制定したならば政府に届け出るように。藩政と家政を区分すること。議事の制を立てること。

このように職制要求が主であるが、藩政に関わる項目も挙げている。

藩治職制の制定について、参与の木戸《きど》孝允《たかよし》は、九月二十九日に後藤《ごとう》象《しょう》二郎《じろう》宛ての手紙で次のようにいっている。

佐佐木高行■大政奉還の実現に尽力した人物。新政府では、参議や司法大輔などを歴任した。大正天皇の教育にたずさわったことでも知られる『近世名士写真其1』国立国会図書館デジタルコレクション

府藩県三治一致という、「政道」をあげなければならない。しかし、「只今」は、まず府県からその実行をあらわし、その後に藩にも及ぼすようにしなければ難しい。「今日」のところでは、藩の職制を布告することから着手したい。

木戸は、府藩県三治体制は目標だが、早急の実現は困難であるとし、当面は藩の職制に関する指令ぐらいしかできない、と述べている。

府県名	主な国名	管轄高（石）	知事名（出身）	府県名	主な国名	管轄高（石）	知事名（出身）
江刺県	陸前・陸中	120,049	小笠原長清（山口・士）	品川県	武蔵	126,645	古賀定雄（佐賀・士）
胆沢県	陸前・陸中	189,729	武田敬孝（大洲・士）	神奈川県	相模・武蔵	285,180	井関盛艮（宇和島・士）
登米県	陸前	204,548	鷲津宣光（名古屋・士）	韮山県	伊豆・相模	150,053	江川英武（旧幕・士）
石巻県	陸前	111,660	山中 献（三河・平）	甲府県	甲斐	259,626	滋野井公寿（公）
角田県	磐城・陸前	124,111	武井守正（姫路・士）	伊那県	信濃・三河	218,516	北小路俊昌（公）
福島県	磐城・岩代	197,195	立木兼善（徳島・士）	高山県	飛騨	56,815	宮原 積（鳥取・士）
白河県	磐城・岩代	230,587	清岡公張（高知・士）	笠松県	美濃・伊勢	178,108	長谷部恕連（福井・士）
若松県	岩代・越後	375,111	四条隆平（公）	度会県	伊勢	26,736	橋本実梁（公）
酒田県	羽前・羽後	247,060	大原重実（公）	大津県	近江	175,674	朽木綱徳（福知山・士）
水原県	越後	231,148	三条西公允（公）	奈良県	大和	223,324	園池公静（公）
柏崎県	越後	336,357	新庄厚信（岡山・士）	京都府	山城	91,275	長谷信篤（公）
佐渡県	佐渡	132,574	新 貞老（鳥取・士）	久美浜県	丹後・丹波	118,759	伊王野坦（鳥取・士）
日光県	下野	327,695	鍋島貞幹（佐賀・士）	大阪府	河内・摂津	111,658	西四辻公業（公）
岩鼻県	上野・武蔵	361,082	小室 彰（徳島・士）	堺県	和泉・摂津	191,230	小川一敏（岡・士）
若森県	常陸・下総	269,893	池田種徳（広島・士）	生野県	丹波・但馬	57,517	井田 譲（大垣・士）
浦和県	武蔵	271,084	間島冬道（名古屋・士）	兵庫県	摂津・播磨	109,600	税所 篤（鹿児島・士）
宮谷県	上総・下総	336,441	柴山 典（佐伯・士）	倉敷県	備中・美作	96,001	伊勢氏華（山口・士）
葛飾県	武蔵・下総	248,298	水筑 龍（佐伯・士）	大森県	石見・隠岐	117,819	真木益夫（柳川・士）
小菅県	武蔵・下総	136,945	河瀬秀治（宮津・士）	日田県	豊後・豊前	139,660	松方正義（鹿児島・士）
東京府	武蔵	23,805	壬生基修（公）	長崎県	肥前	59,713	野村盛秀（鹿児島・士）

表１　明治２年末の府県一覧■松尾正人『維新政権』（吉川弘文館、1995 年）106・７頁の表をもとに作成

江戸幕府は、藩の職制統一や一律的な藩政改革を要求したことはない。あくまでも、藩の自主性に任せていた。これに対して、藩治職制は藩に対する統制策であり、旧来の藩体制の変質をもたらす第一歩であった。

しかし、藩の自主性そのものは依然として承認している。翌二年一月九日、諸藩に対して、次のような指令が出された。

府藩県「同一治」という趣意を奉戴し、「彼我」の別なく取り扱うようにしなければならない。しかし、藩の「政務」に関係するものは、すべて藩で「指揮」せよ。

維新政府が統治体制としての地方区画に、藩をはじめて位置づけたのが政体書であった。それは、藩を否定するのではなく、直轄地である府県と併存させて統制下に置こうとするものである。そして、府藩県三治体制の実現も将来の目標とされ、現実には藩はいまだ独自性を有していたのである。

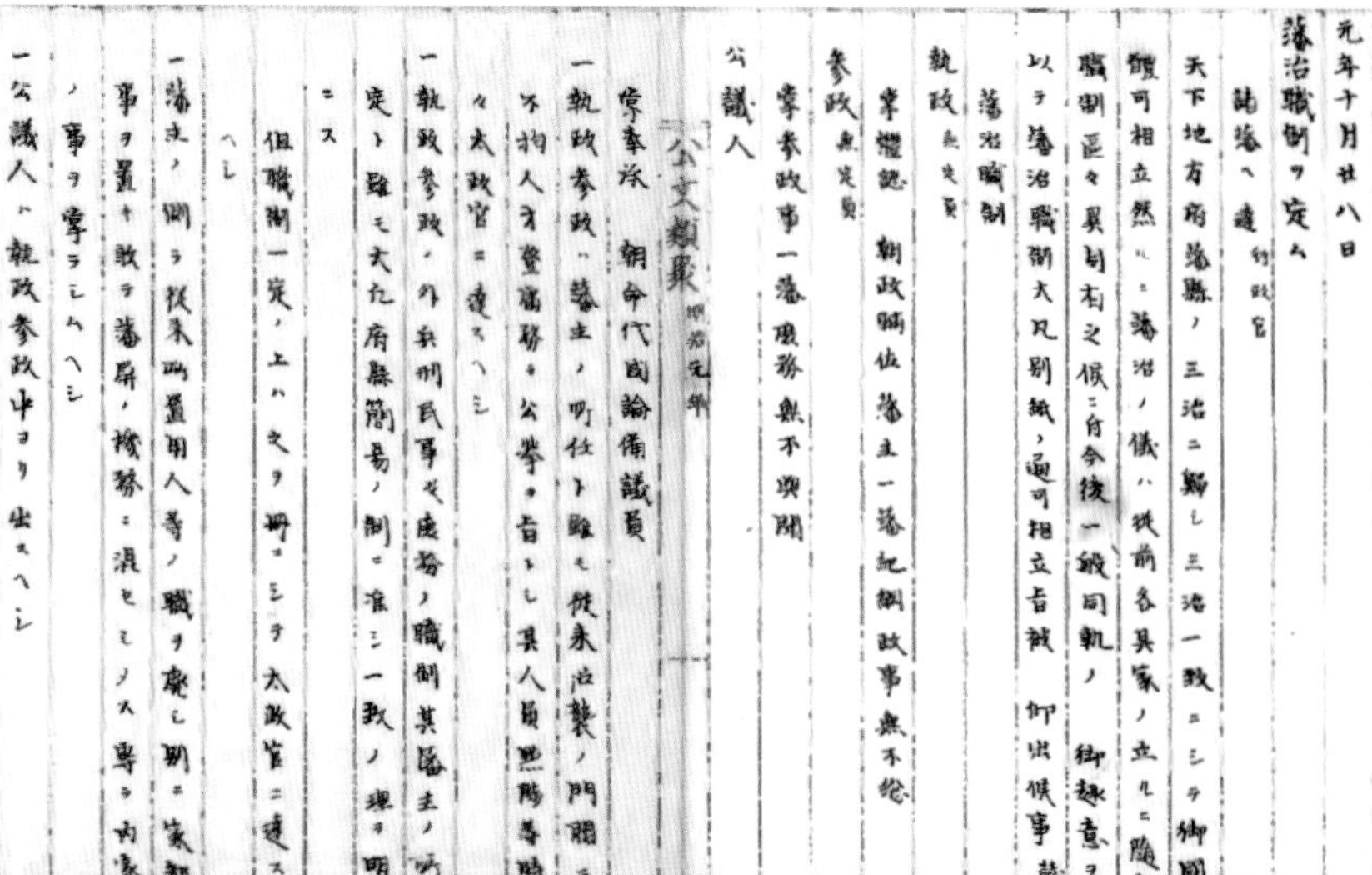
元年十月廿八日
藩治職制ヲ定ム
諸藩ヘ達 行政官
天下地方府藩縣ノ三治ニ歸シ三治一致ニシテ御國
體可相立然ルニ藩治ノ儀ハ從前各其家ノ立ルニ隨ヒ
職制區々異同有之候ニ付今後一般同軌ノ御趣意ヲ
以テ藩治職制大凡別紙ノ通可相立旨被 仰出候事
藩治職制
執政 無定員
掌輔佐藩主一藩紀綱政事無不總
參政 無定員
掌參政事一藩庶務無不與聞
公議人
掌奉承 朝命代國論備議員
一執政參政ハ藩主ノ所任ト雖モ從來冶襲ノ門閥ニ
不拘人才登庸務テ公擧ヲ旨トシ其人員黜陟等時
々太政官ニ達スヘシ
一執政參政ノ外兵刑民事等庶務ノ職制其藩主ノ所
定ト雖モ大凡府縣簡易ノ制ニ准シ一致ノ理ヲ明
ニス
但職制一定ノ上ハ之ヲ冊ニシテ太政官ニ達ス
ヘシ
一藩主ノ側ヲ從來所置用人等ノ職ヲ廃シ別ニ家知
事ヲ置キ政ヲ藩屛ノ機務ニ混セシメス專ラ内家
ノ事ヲ掌ラシムヘシ
一公議人ハ執政參政中ヨリ出スヘシ
「公文類聚」明治元年

藩治職制ヲ定ム（部分）■諸藩で統一されていなかった職制を執政・参政・公議人などに統一するため布達された『公文類聚』国立公文書館蔵

第三章 戊辰戦争の波紋

■〝朝敵〟藩の処分■

鳥羽・伏見の戦いで戦端を開いた戊辰戦争は、関東地方から奥羽越列藩同盟《おううえつれっぱんどうめい》を結成した新潟・東北地方に波及した。もっとも激しい戦闘が繰り広げられた東北地方では、明治元年八月に米沢藩が降伏し、九月十五日には仙台藩、二十二日に会津藩、二十三日に庄内藩、二十五日に盛岡藩がそれぞれ降伏した。その後、北海道の箱館五稜郭《ごりょうかく》を根拠地とした榎本武揚《えのもとたけあき》軍も、翌明治二年五月には軍門に降った。ここに戊辰戦争は終焉して、九州から北海道まで維新政府によって統一された。

戊辰戦争で「朝敵」となった諸藩の処分は、①鳥羽伏見の戦い、②関東地方の戦い、③新潟・東北戦争の三種に分けて行われた。処分発表のセレモニーは、対象諸藩の藩主や重臣を呼び出して、明治元年十二月二十七日に皇居大広間で挙行された。二十五藩が処分されたが、内容は概して寛大であった。死罪となった藩主は一人もなく、領地没収高も二十五藩総石高の二三二万石のうち一〇八万石余りである。

寛大な処分であったが、会津藩（二三万石）と請西藩《じょうざい》（千葉県木更津市、領地高

ミニエー銃■十九世紀なかばにヨーロッパで考案・実用された歩兵銃。文久三年（一八六三）頃から日本に輸入され、戊辰戦争で使用された　山口県立山口博物館蔵

は一万石、藩主林忠崇《はやしただたか》が陣頭指揮して新政府軍と戦った藩）の二藩は全領地を没収された。維新政府が軍事力によって、廃藩に追い込んだのは、この二藩だけである。会津藩は翌二年一月、下北半島《しもきたはんとう》に三万石（実高七〇〇〇石）を与えられ、斗南《となみ》藩として復活したが、移住した藩士は悲惨な生活を余儀なくされた。

　領地の削減率でもっとも高いのが長岡藩（新潟県）で、七万四〇〇〇石から五万石も削減され、二万四〇〇〇石となった。それについで、仙台藩が六二万五〇〇〇石から二八万石へ、盛岡藩が二〇万石から一三万石へ、庄内藩が一七万石から一二万石へ、米沢藩が一八万石から一四万石へと続く。

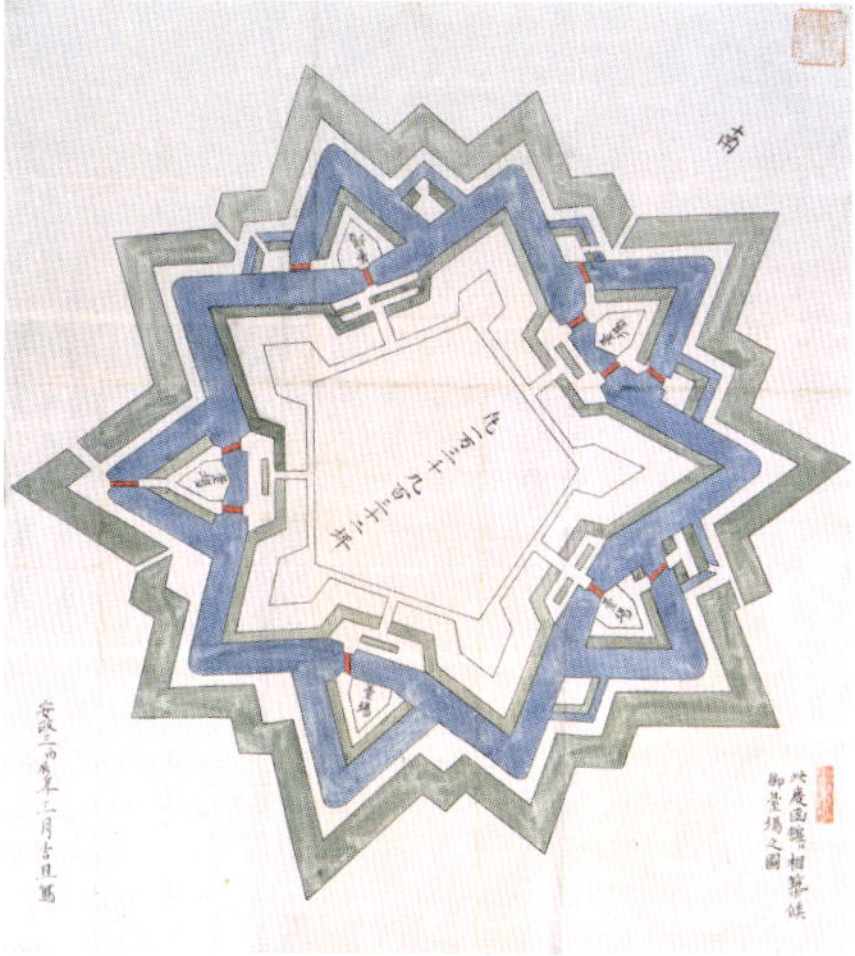

此度函館江築候御台場之図■江戸時代末期に、幕府が築いた五稜郭を描く　函館市中央図書館蔵

　処分に関しては寛厳二論があったが、おおむね木戸孝允の意見で決定された。新政府に対する反逆は重罪だが、「宸断（天皇の裁断）」による寛大な処置である、という天皇の慈悲の強調である。会津藩主・松平容保《まつだいらかたもり》らの罪は、「逆科」であり、厳刑に値するが、「朕」が「不徳」であっていまだ「教化」の道が立っていないので、非常の

会津藩降伏之図■「会津軍記」当時のイメージとして、明治時代の浮世絵師・早川松山が描いた　福島県会津若松市蔵

	藩名	藩主	旧石高	除・削封高
奥羽	仙台	伊達慶邦	625,600石	345,600石
	会津	松平容保	280,000石	280,000石
	盛岡	南部利剛	200,000石	70,000石
	二本松	丹羽長国	100,700石	50,700石
	庄内	酒井忠篤	170,000石	50,000石
	米沢	上杉斉憲	180,000石	40,000石
	棚倉	阿部正静	100,000石	40,000石
	磐城	安藤信勇	30,000石	4,100石
	一関	田村邦栄	30,000石	3,000石
	上山	松平信庸	30,000石	3,000石
	羽後松山	酒井忠良	25,000石	2,500石
	福島	板倉勝尚	30,000石	2,000石
	泉	本多忠紀	20,000石	2,000石
	天童	織田信敏	20,000石	2,000石
	亀田	岩城隆邦	20,000石	2,000石
	湯長谷	内藤政養	15,000石	1,000石
	七戸	南部信民	11,100石	1,000石
越後	長岡	牧野忠訓	74,000石	50,000石
	三根山	牧野忠泰	11,000石	500石
関東	小田原	大久保忠礼	113,000石	38,000石
	請西	林　忠崇	10,000石	10,000石
	関宿	久世広文	48,000石	5,000石
	結城	水野勝知	18,000石	1,000石
その他	桑名	松平定敬	110,000石	50,000石
	備中松山	板倉勝静	50,000石	30,000石
	合計		2,321,400石	1,083,400石

表2　戊辰戦争の処分（除・削封）一覧■下山三郎氏『近代天皇制研究序説』（岩波書店、1976年）をもとに作成。石高のうち、会津藩は本来23万石であるが、もともと会津藩の版図であり、預かり地となっている南山御蔵入領5万石を含んでいる

「寛典」に処した。処分を告げる詔書の文言である。

そして、東北地方の人々に対し明治二年二月に出された「奥羽人民告諭」は、次のように語りかける。

日本の「一尺」の土地も「一人」の民も、皆「天子様」のものである。天皇は日本国の「父母」であり、叡慮《えいりょ》は「寛大」で会津のような「賊魁《ぞっかい》」すら命を助けたことは、このうえもない「御慈悲」である。

悪化をたどる藩財政

一年半にもおよんで東日本を巻き込んだ戊辰戦争は、藩体制にどのような影響をあたえたのか。一点目にあげられるのが、藩財政を極度に悪化させたことである。

すでに、幕末から各藩とも年貢を中心とする収入では、とてもまかないきれない状態となっていた。そこで、江戸・大坂・京都の大商人や畿内の豪農商らからの借金、専売や藩札の発行などによって、かろうじて財政を維持してきていた。そこに戊辰戦争の軍事費が重くのしかかり、財政運営はますます苦しくなった。

軍事費が藩財政を逼迫《ひっぱく》状況に追い込んだことは、敗北して領地を削減された「朝敵」藩はもちろんだが、新政府側で参戦した諸藩にもみられた。たとえば、熊本藩は兵器や弾薬を含まない出兵費用だけで、年間収入の半分を占めるほどであったと

毛理嶋山官軍大勝利之図■戊辰戦争における官軍（新政府軍）の戦いを描いている。「毛理」は毛利氏、「嶋」は島津氏（薩摩）、「山」は山内氏（土佐）を指す　山口県立山口博物館蔵

いう。

また、新たな銃砲や軍艦が登場し、各藩ともそれらを購入せざるをえなくなっている。佐賀藩では、幕末以来発行した藩札の八五パーセントが、軍艦購入費と出兵費に充てられている。そして、それでも足りずに新たに藩札を発行したが、その額は家禄を除いた財源に近く、償還《しょうかん》不能な発行額に達したという。大垣藩でも、明治四年現在の借金のうち、軍事費が三分の一以上に達していたという。

戊辰戦争が藩財政に与えた打撃は深刻であり、藩制を維持することが困難になる藩（とくに小藩）が出現するようになる。

二点目にあげられるのが、藩主と藩重臣の権威を失墜させたことである。戊辰戦争における新政府軍の指導部は、大総督府とそのもとの東海道をはじめとする諸道の総督であった。総督は皇族や公家、および諸藩の藩士で構成されていた。要するに、藩主は戦闘に参加していないのである。

三重津海軍所跡全景写真（有明海方面）■幕末期における佐賀藩の洋式海軍の拠点。矢印部分が海軍跡である。海軍教育や修船・造船などが行われ、日本初の実用蒸気船「凌風丸」もここで建造された　画像提供：佐賀市教育委員会　一部加筆

また、関東・東北地方の戦争で新政府は、一部の藩主に藩兵を率いて参戦するように命じた。しかし、命令を受けた藩主の多くは、重臣を代理として派遣している。そして、自ら赴いた藩主も江戸に留まって、藩兵のみを送り込んでいるのである。つまり、戊辰戦争のなかで実際の戦場に出向き、軍事指揮を行った藩主は一人もいなかったのである（「朝敵」諸藩のなかには、藩主や重臣自ら軍事指揮をとったものもある）。藩主なしで藩士は戦ったのである。軍事集団のトップとしての藩主の存在意義は、もはやそこには求められず、いわば無用の長物である。

また、銃砲中心の新たな軍制による戦闘では、門閥にかかわらない藩士が指揮官や兵士として主役を演じた。本来の指揮官である重臣層が、いかに軍事的に無能であるかということが、白日のもとにさらけだされたのである。さらに、藩主が新政府への忠誠を誓いながら、藩士は新政府と戦うという、藩主と藩士の君臣関係が崩

黒砂糖切手■土佐藩が商人に黒砂糖を売り渡した文書。藩の役所が領内の生産者に藩札を貸し付けて特産品などの生産を行わせ、これを独占的に集荷し、売上金を藩の収入とした藩専売制の一事例である　日本銀行金融研究所貨幣博物館蔵

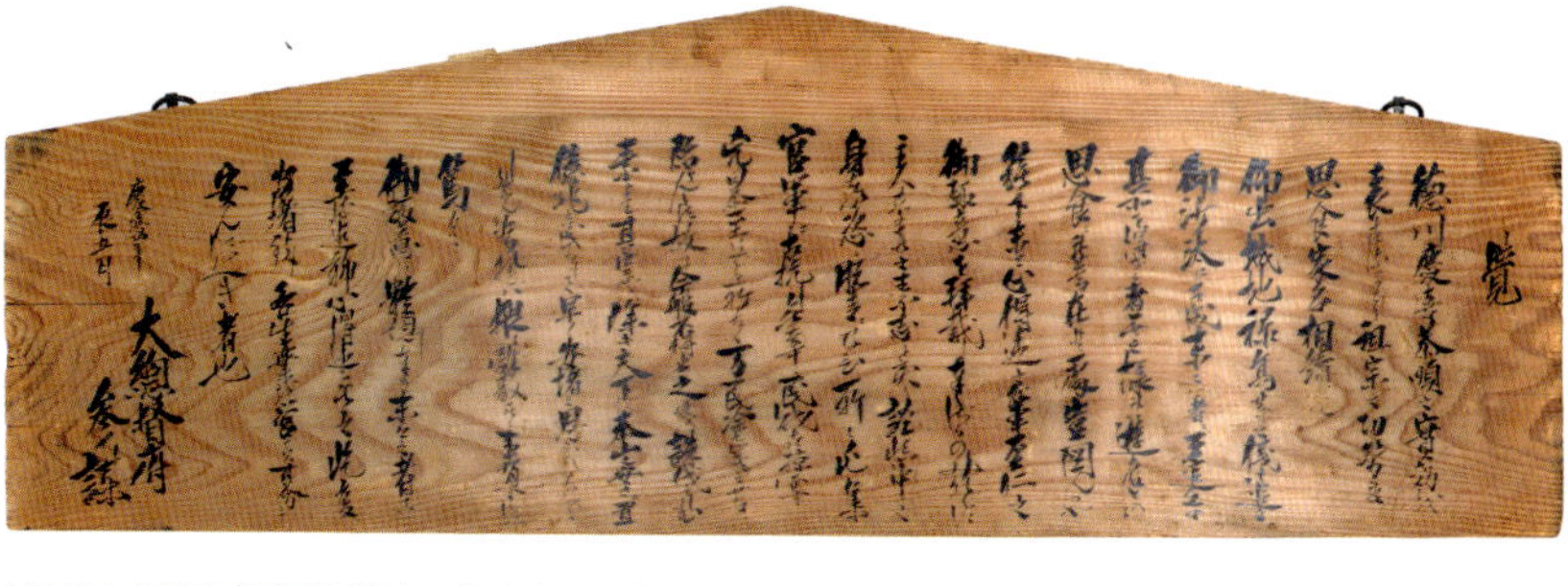

大総督府参謀高札■戊辰戦争で新政府軍の指導部であった大総督府の高札である　足立区立郷土博物館蔵

壊した藩もあらわれた。総じて、藩主を中心とする藩の結合は、大きくゆらぎ始めていたのであった。

一方、天皇権威が高まってくるのが戊辰戦争であった。江戸の彰義隊《しょうぎたい》への総攻撃を目前に控えた慶応四年五月八日、維新政府は軍資金を求める布告を出して次のようにいう。

王政復古により「皇道」が復し、五か条の誓文により天皇の「万機親裁」が定まった。備わらないただ一つが「金穀」である。そこで、「普天率土《ふてんそっと》」の「臣民」は、兵力のある者は兵力を出し、財力のある者は財力を提供せよ。それぞれの分に応じて、朝廷に尽くすことが大事である。

戊辰戦争に動員した藩士を「臣民」として位置づけ、藩主と藩士という主従関係から、天皇と「臣民」との関係に転換させることをめざしている。藩主ではなく天皇＝総督のもとで戦う期間が長くなればなるほど、藩意識を持ちながらも天皇の軍隊の一員である、という認識が強まるだろう。

戊辰戦争によって、藩財政の窮乏が進み、藩主の権威も失墜した。藩主がこれまでの権威を保ち、地位を維持することは難しくなった。藩主が従来の地位を望むならば、何らかの方策を講じなければならない、という状況になったのである。

彰義隊の墓■彰義隊は、幕末に徳川慶喜の警護などを目的として結成された部隊である。戊辰戦争の一環である上野戦争で新政府軍に敗れ、彰義隊士の遺体は上野山に放置されたが、南千住円通寺の住職らによって、ここで荼毘にふされた　東京都台東区・上野恩賜公園内

第二部　版籍奉還にゆらぐ藩

天皇親政を進めるために、藩主が自ら版（領地）と籍（領民）を返上する版籍奉還論が提示されるも、さまざまな意見が飛びかい、まとまらない政府。状況を打破するため、薩摩・長州・土佐・肥前の四藩が動き出す。

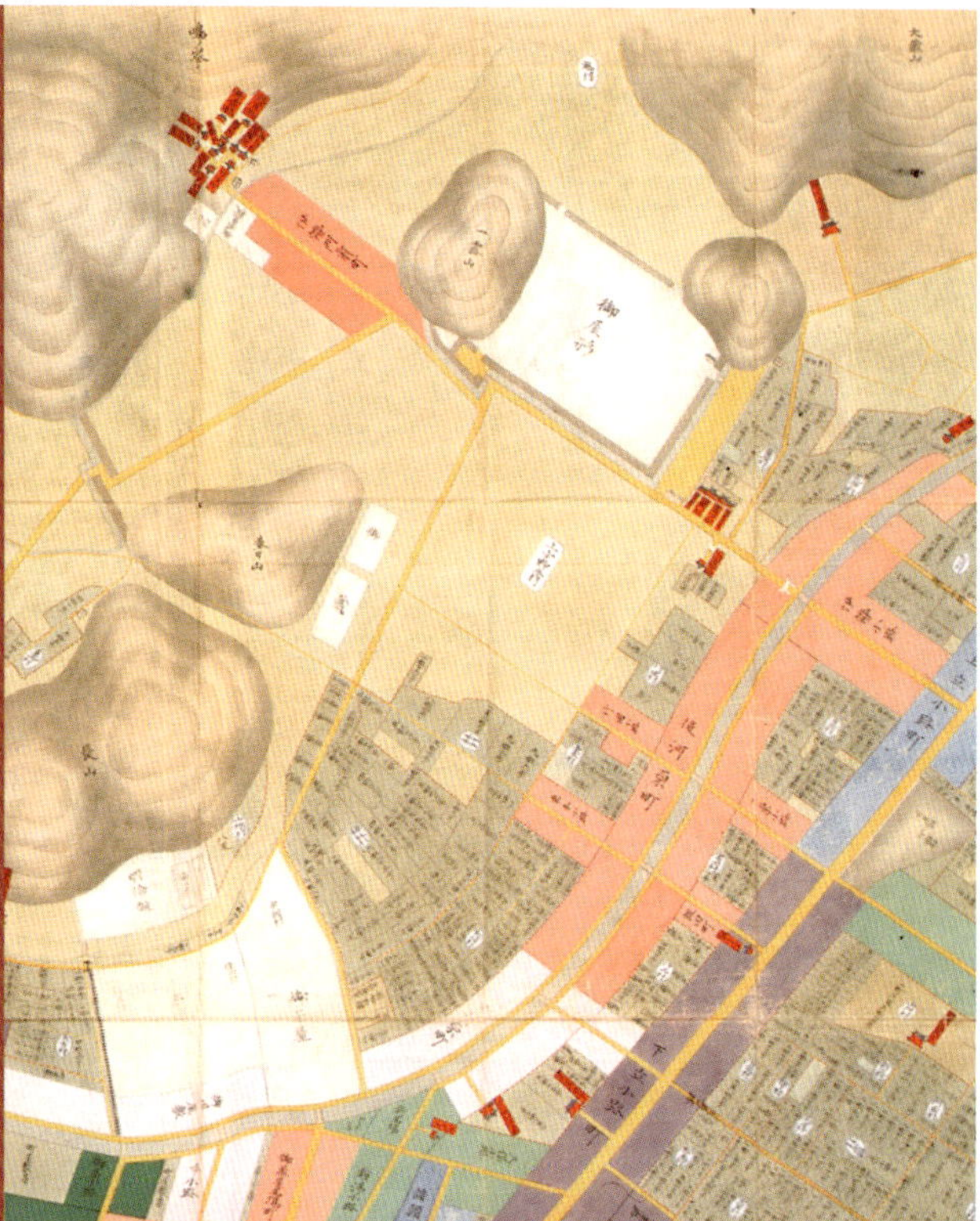

幕末山口市街図（部分）■慶応元年（1865）から明治元年(1868)頃に描かれたもの。山口に置かれた長州藩の藩庁（御屋形）と当時の街の様子がわかる　山口県文書館蔵

第一章　王土王民論の強調

■薩摩藩の版籍奉還論■

藩主が自らの領地（版《はん》）と領民（籍《せき》）を天皇に返上するという版籍奉還論《はんせきほうかんろん》は、まず薩摩藩から提起された。慶応三年十一月二日、薩摩藩士の寺島宗則《てらしまむねのり》は藩主・島津《しまづ》忠義《ただよし》に一通の意見書を提出した。徳川慶喜が大政を奉還したが、いまだ王政復古のクーデターが断行される前である。

寺島の意見書は次のようにいう。

慶喜の政権奉還がなされたからには、すべての人々が感服するようなことをしなければならない。それは「封建の諸侯」（藩主）を廃して、真の「王道」を立てることである。「勤王」を唱えて「忠節」を尽くそうとするならば、諸藩主は「封地《ほうち》」と「国人」を朝廷に返還し、自ら「庶人（庶民）」とならなければならない。こうしてはじめて、公明正大な「勤王」が実現する。旧来の「諸侯」のままで朝廷に政権が戻ってきても、「名」のみであって「実」は同じである。

寺島は、大政奉還から王政復古へという論理で版籍奉還を主張するが、「人情」

寺島宗則写真■新政府では外交面で力を発揮し、明治五年には駐英公使になった。外務卿・元老院議長・枢密顧問官なども務めた　国立国会図書館蔵

が頑迷な現状では早急の実現は難しいと考えた。そこで、薩摩藩が率先して領地の一部を返上し、他の藩主にも働きかけるようにと提案する。

寺島の主張を受けるかたちで薩摩藩は、翌四年二月十一日に藩主・島津忠義が朝廷に願書を提出し、次のように述べる。

今日の急務は新政府の「親兵」を創設することである。その費用として、薩摩藩は一〇万石を「返献」する。封建制度では国力が「分裂」し、外国と「比敵（匹敵）」することは困難である。現在の領地は、代々預かっているものだから、王政復古の「実義」で、「鎌倉」以前のように奉還することが「至当」である。しかし、「時勢」が熟していないので、一部の返上にとどめる。

この願書は、大久保利通が書いたといわれている（大久保は寺島意見書を読んでいた）。薩摩藩は、王政復古の理念から版籍奉還論を打ちだすが、それは将来の目標とせざるをえず、当面は一部返還を意図したのである。

こうした奉還論が唱えられたが、薩摩藩の最高実力者である島津久光《ひさみつ》（藩主忠義の実父で「国父《こくふ》」と呼ばれていた）は、版籍奉還自体には反対であった。久光は後年、やはり、「封土奉還」はしない方が当然で、全国に大名がそれぞれ「封土」を有し、「兵馬」の権を握るのが全国を「堅固」にすることである、と語っている。

鹿児島城跡■別名・鶴丸城。慶長六年（一六〇一）、薩摩藩初代藩主の島津忠恒（家久）により築城され、廃藩置県まで島津氏の居城であった　鹿児島市

■木戸孝允の版籍奉還論と長州藩■

薩摩藩で版籍奉還論が提起された頃、長州藩でも木戸孝允を中心として唱えられる。慶応三年十二月に木戸は、「長州征伐」といわれる幕府との戦争で、長州藩が占領した豊前《ぶぜん》・石見《いわみ》の二国を、朝廷に返上するよう主張した。この意見を取り入れた長州藩は、翌四年一月に藩主の毛利敬親《もうりたかちか》が願書を提出して、二国はもとからの「王土」であるとして、朝廷に返上を申し出る。この願書に対して新政府は、しばらく長州藩の預地とするよう指示している。

そして、二月三日に木戸は、副総裁の三条実美《さんじょうさねとみ》・岩倉具視に版籍奉還を建議し、次のようにいう。

王政復古の「名義」は、全国民を「安撫《あんぶ》」して諸外国と「並立」するという万国対峙である。そのためには、鎌倉時代以来、七〇〇年にわたる封建割拠という「積弊《せきへい》」を一掃し、すべての藩主から土地と人民を「還納」させなければならない。朝廷の「真権」を確立するためには必要な措置である。

木戸は万国対峙に向け、一挙に版籍を奉還することを意図している。薩摩藩より、はるかに急進的である。しかし、長州藩内ではこの急進論が容易に受け入れられなかった。八月九日の日記で木戸は、藩士の「情実」は憂うるものがあり、「天下」の大勢を知らずに、ただ一藩内のことしか「着目」せず「慨嘆《がいたん》」にたえない、と書

毛利敬親肖像■幕末・維新期の長州藩の藩主。藩政改革・藩校明倫館の移転や拡張、武備の強化などを行った　原田直次郎筆　山口県立山口博物館蔵

きつけている。こうした状況下で木戸は、藩主・毛利敬親に何度も訴え、何とか藩主の同意を得るにいたったが、その間の「紛紜《ふんうん》（もめごと）」は「百苦千辛《ひゃっくせんしん》」であり、容易に語ることはできない、と記している。

とりあえず藩主の了解を得たものの、長州藩内の様子は木戸が十一月二十四日の日記に、次のように書いているような状況であった。

全局に「着眼」しない者が多く、「大政一新」が何であるかを知らず、ただ徳川氏を打撃して「愉快」としている。その「実」が現われなければ、「大政一新」も幕政と「五十歩百歩」であり、前途のことを「痛按《つうあん》」する。

木戸は、長州藩内で孤立していたのである。

木戸孝允写真■「維新の三傑」の一人。版籍奉還をはじめ、諸方面で活躍した。写真は明治2年4月、京都で撮影されたもので、当時の風貌がよくわかる　山口県立山口博物館蔵

萩城五層楼写真■長州藩の藩庁が置かれ、別名・指月城とも呼ばれる。明治六年の廃城令で天守や櫓は破却された。のちに、毛利敬親は山口へと藩庁を移した　山口県文書館蔵

■版籍奉還後の措置■

このように、薩摩藩（大久保）や長州藩（木戸）では版籍奉還論が登場したが、いずれも奉還のみであり、返還後の措置については何も出されていない。この措置について、薩摩藩では伊地知貞馨《いじちさだか》*1、長州藩では伊藤博文がそれぞれ考えを明らかにしている。

前者からみていこう。伊地知は、藩治職制で薩摩藩参政となる藩首脳部の一人であり、当時、大久保や小松帯刀《こまつたてわき》や岩下方平《いわしたまさひら》*2（いずれも薩摩藩からの新政府参与）と版籍奉還問題に取り組んでいた。明治元年十一月十四日、伊地知は次の意見書を岩倉具視に提出している。

諸藩主の領地は、「一往（一応）」朝廷に返還する。その後、改めて朝廷からこれまでのように支配するよう命じる。そして、諸藩は朝廷から改めて預かった領地を、「公論」をもってそれぞれ十分の一ずつ返上する。旧藩地はこれまで通りその藩へ支配を命じ、租税のみ上納させる。

伊地知のプランは、諸藩の版籍をいったん奉還させた後、改めて朝廷（天皇）から藩主に支配を命じるということである。つまり、領有権は天皇に帰属するが、実質的な支配権は藩主が握るということである。これは前述のように、旧幕府が将軍の代替わりごと、諸藩主に「判物」*3を与えて、所領の再確認を行っていたことと基

*1 伊地知貞馨■島津久光の側近で、他藩との交渉などに活躍した。文久元年（一八六一）十二月、幕府改革を目指す久光の出兵計画の準備のため、藩主・島津忠義の参勤を遅らせる時間稼ぎとして、国元からの指示で江戸藩邸を自焼させたことでも知られる。維新後は内務省に出仕したが、琉球から賄賂を受け取ったことを大久保利通に咎められて免職となった。

*2 岩下方平■薩摩藩の家老。慶応三年（一八六七）、日本が初めて参加した国際博覧会であるパリ万国博覧会では、「日本薩摩琉球国太守政府」使節団長を務めた。新政府では、京都府権知事・大阪府大参事・元老院議官・貴族院議員などを歴任した。

*3 判物■武家文書のひとつで、将軍が花押を据えた文書のことである。ここでは、領地とその統治権の確認証書のことを示す。

本的に同じである。天皇による領地の再交付論であった。

薩摩藩の重役である伊地知から、このような再交付となる版籍奉還論が唱えられていたのである。薩摩藩では、廃藩置県に連なる考えは見られない。その後、伊地知は薩摩・長州・土佐・肥前四藩の版籍奉還建白を起草することになる。

後者の伊藤は、当時、兵庫県知事であった。伊藤は明治元年十一月、姫路藩の版籍奉還請願書（同十一月提出）の採用を説いて建議し、次のようにいう。

王政復古により、海外各国と「並立」（万国対峙）して文明開化の政治とするためには、全国の政治を「一斉」に帰さなければならない。各藩割拠の弊害を除いて、政令はすべて朝廷から出るようにする。そのためには全藩主が、「宇内の大勢」を察して、政治・軍事権を朝廷に返還しなければならない。数十年も自主的返還が行わなければ、朝廷は「干戈《かんか》（武器）」をもってしても奉還させる。

軍事力を行使しての強

伊藤博文■新政府では兵庫県知事のほか、参与兼外国事務局判事・参議兼工部卿・内務卿を務め、のちに内閣制度を創設して初代内閣総理大臣となった　『近世名士写真其１』　国立国会図書館デジタルコレクション

姫路城跡■姫路藩の藩庁が置かれた。藩主は酒井氏が務め、諸藩に先がけて版籍奉還の請願書を提出した　兵庫県姫路市

制的奉還の主張だが、伊藤は奉還後の措置について次のような提言を行っている。

奉還後の藩地は府県と同じくし、藩主には爵位と俸禄を与え、貴族として上院の議員とし、藩士は一部を朝廷の兵や官員とし、ほかは全員「土着」させる。

伊藤は、版籍奉還にとどまらず、のちの廃藩置県を先取りするようなプラン（藩の府県化・藩主の貴族化・藩士の農商民化）を提起したのである。維新政府が藩を超越する権力ならば実現できよう。しかし、藩を基盤とする現実を考慮しないプランであった。

その後、伊藤は翌二年一月に「国是《こくぜ》綱目《こうもく》」を建議する。政治・軍事権の奉還のみならず、天皇中心体制の樹立・独立の維持・自由権の拡充・西洋学術の導入・対外和親の推進なども含む内容である。この急進論は、「兵庫論」として広く伝わり、伊藤は守旧派から激しく攻撃されている。

木戸は、これほどの急進論ではないが、奉還後に新たな「規則」を立てる必要性を語っている。少なくとも、再交付論ではなかった。

四藩の版籍奉還建白

薩摩藩と長州藩では、王政復古の理念から版籍奉還が唱えられたが、奉還後の措置については大きな違いがあった。しかし、奉還という行為のみでは一致する。明

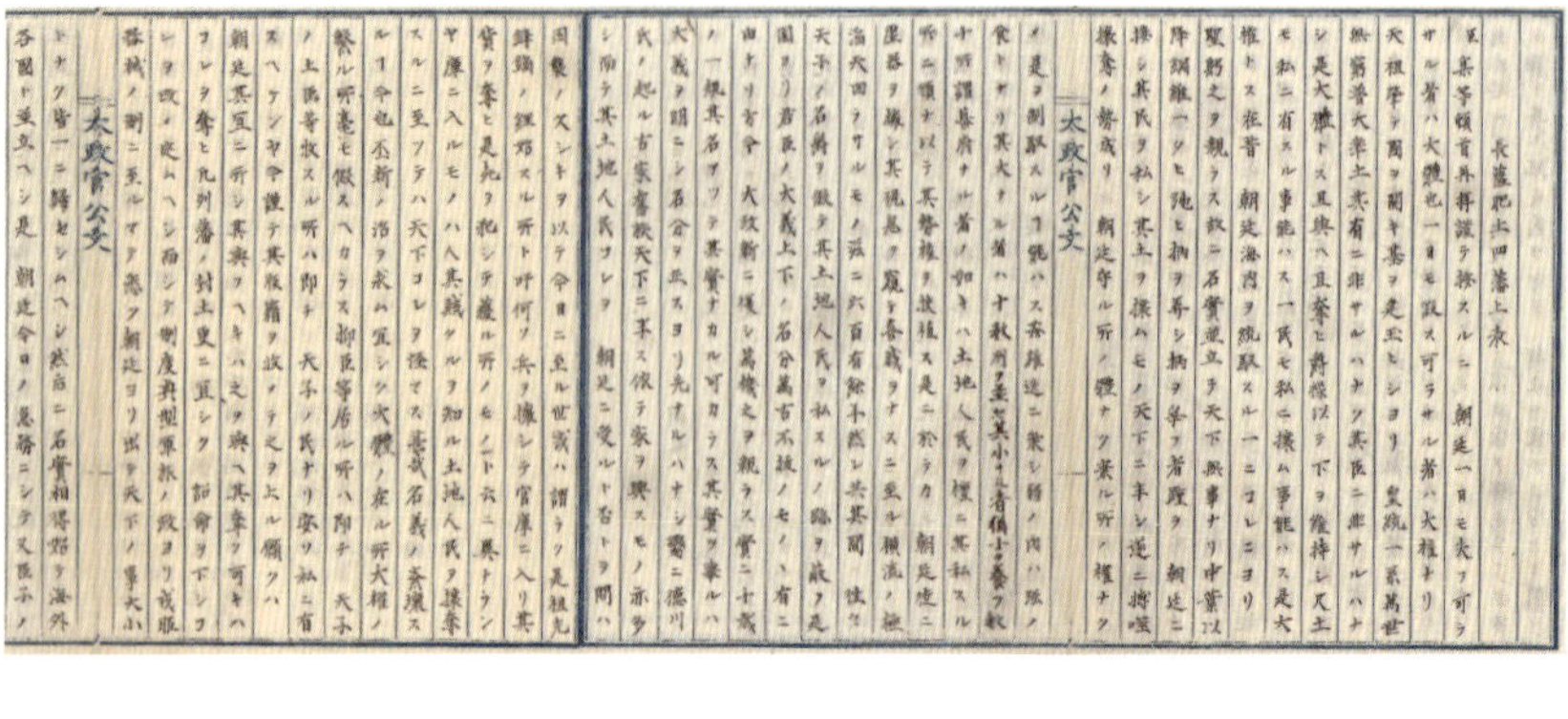
長薩肥土四藩上表

太政官公文

治元年九月十八日、木戸と大久保が京都で会談し、木戸の提案（版籍奉還）を大久保が承諾した。薩長の提携である。その後、翌二年一月十四日、京都の料亭で薩摩藩の大久保利通、長州藩の広沢真臣《ひろさわまおみ》（木戸は東京にいて不参加）、土佐藩の板垣退助《いたがきたいすけ》らが集まった。土佐藩には広沢が声を掛けていた。

会合の目的は、「土地人民返上一条」（大久保の言葉）、すなわち版籍奉還についての話し合いである。奉還の建白案は、薩摩藩の吉井友実が持ち寄り、三者（大久保・広沢・板垣）の合意がなった。その後、大久保が肥前藩の副島種臣《そえじまたねおみ》と大隈重信《おおくましげのぶ》にも働きかけ、副島と大隈が前藩主の鍋島直正《なべしまなおまさ》に伝え、直正が参加を決めている。

一月二十日、薩長土肥四藩の版籍奉還建白が提出される。重要な建白であるので、一部を次に引用する（原文をひらがな表記にし、句読点を付した）。

方今、大政新に復し万機之を親《みずか》らす……抑《そもそも》臣等居る所は即《すなわ》ち天子の土、臣等牧《ぼく》する所は即ち天子の民なり。安《いずく》

鍋島直正■肥前藩第10代の藩主。藩の近代化に尽力し、人材育成にも力を注いだ。廃藩置県以前、明治4年1月18日に死去した『近世名士写真其2』 国立国会図書館デジタルコレクション

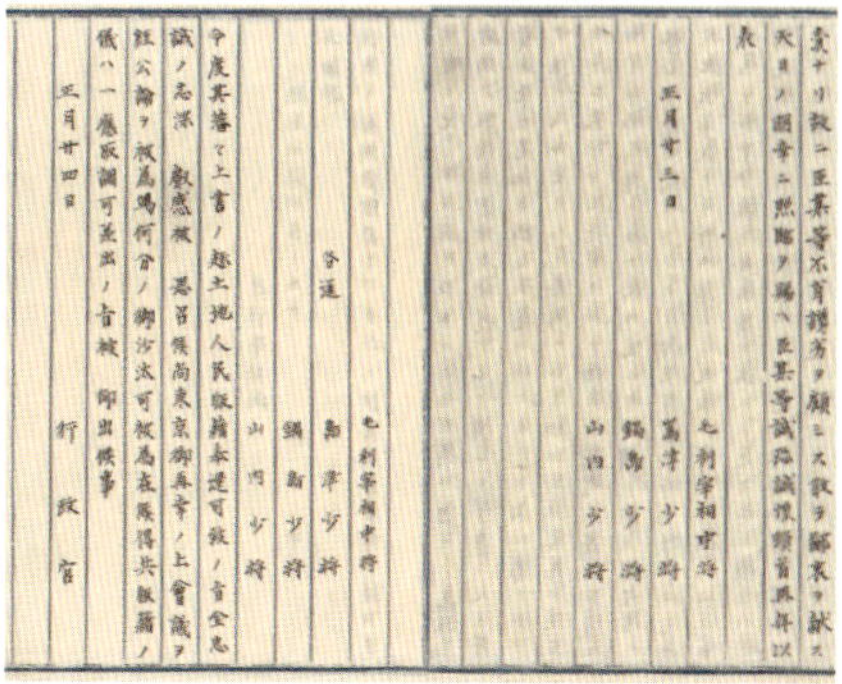

長薩肥土四藩上表（写）■毛利元徳（長州）・島津忠義（薩摩）・山内豊範（土佐）・鍋島直大（肥前）の四名が連署で出した文書である『公文録』国立公文書館蔵

んぞ私有すべけんや。今謹て其版籍を収めて之を上《たてまつ》る。願くは朝廷其宜に処し、其与ふ可きは之を与へ、其奪ふ可きはこれを奪ひ、凡《およそ》列藩の封土《ほうど》更に宜しく詔命を下し、これを改め定むべし。而《しか》して制度・典型・軍旅の政より、戎《じゅう》服《ふく》*1・器械の制に至るまで悉《ことごと》く朝廷より出て、天下の事大小となく皆一に帰せしむべし。然后《しかるのち》に名実相得、始て海外各国と並立《ならびたつ》べし（『明治天皇紀』第二）

建白書は、王政復古で天皇が万機を親裁する体制となったことを掲げ、すべての土地と民は天皇の所有である、という王土王民論を強調する。

そして、王土王民論に基づいて、版籍の奉還を申し出る。奉還後の措置は、与えるべきは与え、奪うべきは奪ったうえで、諸藩の領地を天皇の命令で改定することを願う。このようにすれば、制度をはじめすべてのことが天皇のもとで統一され、万国と並立することが可能となる。版籍奉還は、国家目標である万国対峙に向けての施策であった。

建白書は一月二十三日の『太政官日誌』*2に掲載され、広く知れわたることになった。

不徹底な王土王民論

王土王民論の原理からいえば、一君万民のもと日本の領有権は天皇に帰属し、私有はまったく認められない。それならば、奉還後に「与えるべきものは与え」など

佐賀城跡の鯱の門と続櫓■版籍奉還を建白した四藩のうちの一つである肥前藩の藩庁が置かれた。肥前藩は鉄鋼・加工技術・大砲・蒸気機関・電信・ガラスの開発・生産を行うなど、技術力と軍事力に優れた藩であった　佐賀市

＊1　戎服■戦時に着る服。軍服。

＊2　『太政官日誌』■明治初期の政府機関誌。官報の前身で、維新政府の広報紙であった。慶応四年二月二十日に第一号を発行し、明治九年まで毎年号数を改めて発行された。

と述べる必要はない。この文言は、天皇による所領の再交付（再確認）を願望するものである。なぜ、このような表現がまぎれ込んだのか。

建白の草案は、薩摩藩が用意したことは前述した。それでは、誰が起草したのであろうか。一月十一日、大久保から建白書の作成を督促された小松帯刀は、大久保に宛てて次のような手紙を書いている。

「土地人民返上」の建白が進んでいないことは、私も「当惑」している。建白書の起草は、ご承知のように伊地知貞馨が「専ら《もっぱ》」担当している。伊地知は今晩、大坂から京都に入るので、会って「談合」していただきたい。

小松の手紙には、起草者として伊地知の名が明記されている。大久保は、十二日と三藩会同の前日である十三日の両日、伊地知と会っている。

伊地知貞馨は、前述したように岩倉に対して、天皇による再交付論を提起していた人物である。この伊地知が起草したならば、建白書に再交付論が書かれるのは当然だろう。王土王民論にとっても、再交付論にとっても、版籍の奉還それ自体は、必要不可欠な手段・方式となる。薩摩藩に根強い再交付論によって、王土王民論は不徹底とならざるを得なかったのである。

木戸は、後年の明治四年七月七日（廃藩置県の合意が薩長両藩の間で成立する頃）の日記で次のように書いている。

王土王民論による版籍奉還論を「快諾」するものは、ほとんどいなかった。そ

小松帯刀■名は清廉。島津忠義の側役となり、藩政に参与した。その後、家老となり、京都で薩摩藩の代表として活動した。新政府では、参与・総裁局顧問・外国官副知事などを務めた『近世名士写真其2』国立国会図書館デジタルコレクション

こでやむを得ず、「用術施策」を用いて説得した。それは、まず旧幕府の「朱印（判物）」の礼を廃して朝廷へ版籍を奉還し、許可・不許可はただ朝廷の命令に従うというものであった。そして、これにより薩摩藩の大久保らがようやく応じ、版籍奉還となった。

木戸は薩摩藩の同意を得るには、王土王民論の一点張りでは難しいと考えたのである。

版籍奉還は薩摩・長州二藩の主導により、土佐藩と肥前藩も巻き込んで四藩の名前で建議された。しかし、中核の薩摩藩（大久保）と長州藩（木戸）は、事後の措置も含んで完全に一致していたわけではない。王土王民論を基軸としつつも、徹底化を意図する木戸（長州藩）と、再交付論も容認する大久保（薩摩藩）との相違である。木戸は、「用術施策」を用いて、大久保との妥協を図らなければならなかったのである。今後も両者は対立・妥協しながら、廃藩置県となる。

鹿児島市街地■明治時代の写真で、城山（鶴丸山）から見下ろした風景である　『敷島美観』　個人蔵

第二章　藩主による自主的な返上

■諸藩の奉還建白ラッシュ■

四藩の建白に対して、維新政府は一月二十四日、版籍奉還は「忠誠」の志であるとし、会議を開き、公論を尽して処置を決定すると指示した。指示が出された同日に因州《いんしゅう》藩から、次いで二十七日に佐土原《さどわら》藩、二十八日には越前藩・肥後藩・大垣藩、三十日には松江藩から、と一月中に六藩から奉還建白が提出されている。

それでは、一月中に出された建白は、どのような主張をしていたのであろうか。まずは、最初の因州藩である。四藩の建白は、「昨今」伝え聞いた。趣意は私（藩主池田慶徳《いけだよしのり》）の「素志」であり、四藩が「先発」したことは本懐の至りである。したがって、同様に版籍を返上する。

佐土原藩（薩摩藩の支藩）は、宗藩である薩摩藩建白の議論が「公平」であるので、その「義」に伏して奉還する。越前藩は、四藩建白を伝聞したところ、主意は「至当」であり、「鄙見」と一致することから版籍を収める。それとともに、王土王民論の観点から、奉還後は「郡県の制度」（藩体制の解体）をも展望している。

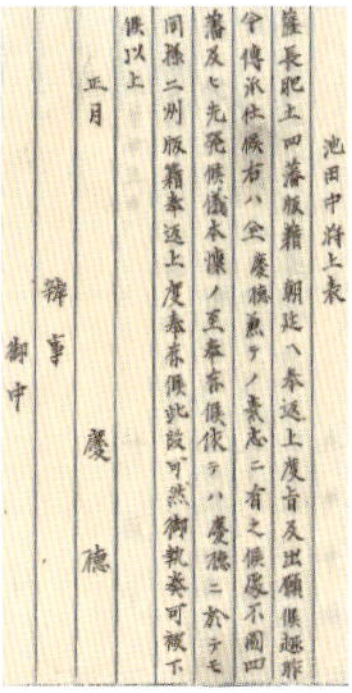
池田中将上表
薩長肥土四藩版籍朝廷ヘ奉返上度旨及出願候趣昨
今傳承仕候右ハ全慶徳兼テノ素志ニ有之候處不圖四
藩ヨリ先発候儀本懐ノ至奉存候依テハ慶徳ニ於テモ
同様二州版籍奉返上度奉存候此段可然御執奏可被下
候以上
正月　慶徳
辨事
御中

池田中将上表（写）■薩長肥土の四藩が版籍を朝廷へ返すことを受け、兼ねてからの素志（希望）であるので、池田慶徳も版籍を返すと述べている　『公文録』国立公文書館蔵そして、肥後藩は四藩建白の「趣」に同意であり、兼ねてからの心得であったことから採用を願う。大垣藩は四藩建白には触れず、ただ土地人民を差し上げるとしか述べていない。松江藩も四藩建白には言及せず、王土王民論を強調して版籍奉還を申し出るが、その後の措置は「宜しき」に従って、天皇が「処」することを希望している。

これら早い時期の奉還建白は、すべて王土王民論を受け入れながら、その後の措置について一致しているわけではない。越前藩のような藩体制を改変して廃藩置県に連なる意見、松江藩のような天皇による再交付の期待などである。もっともこの両者は、すでに四藩建白にみられていたものであったが。

その後も二月に七八藩、三月に四七藩、四月に一〇一藩、五月に一七藩、六月に四藩と、諸藩主がぞくぞくと版籍奉還建白を提出している。それは、建白ラッシュとも言うべき現象であった。六月二十四日に維新政府は、未提出の藩に対して版籍奉還を命じているように、必ずしもすべての藩から提出されていなかった。しかし、奉還命令が出される以前の自主的奉還は、二五七藩におよんでいる。命令に応じて奉還した藩が一四あるので、総計二七一藩に達した。

鳥取城跡■因幡国・伯耆国の二国を領有した大藩である因州藩（鳥取藩）の藩庁が置かれた。現在も石垣・井戸・堀などの遺構が残る　鳥取市

藩主たちは、四藩建白を契機として、なぜ自らの領地・領民を差し出すようなことをしたのか。すでにみたように、戊辰戦争で明治二年初頭には、藩主の権威が失墜し、藩主中心の結合は動揺していた。このままでは、威信はますます低下するという危機感が、藩主たちの間で生じていた。こうした状況下、版籍奉還という四藩建白が出された。藩主たちは、版籍奉還を通して天皇による身分保証が可能だと考えたのである。

すなわち、建白書にある「与ふ可きは之を与へ」という表現を、藩主たちは天皇による再交付を意味するもの、と捉えたのである。そこで藩主たちは、王土王民論に基づいて、領地と領民をいったん天皇に返し、その後に再交付を受けることによって、これまでの地位を維持する、という方策に賭けたのである。

言いかえれば、旧徳川将軍に代わる天皇の臣下として、領主としての地位を確保することである。前述のように、藩主たちは旧幕府の「判物」を返していた。一時的に領有権を失っていた藩主たちにとっては、切実な問題であった。

天皇による再交付の願望は、前述の松江藩にみられていた。多くの藩主はこの願望のもと、版籍奉還の建白を提出している。願望を記している建白を提出順にいくつかあげよう。

まず、二月八日の加賀藩主は次のように言う。旧幕府から受けた「判物」は差し上げている。「封土」の与奪権は天皇にあると考えていたところ、次々と奉還の建

金沢城跡■加賀藩主前田氏の居城。版籍奉還後、加賀藩は金沢藩と改称した　金沢市　画像提供：金沢市

白がなされている。私の「宿意」もここにあるので、何とぞ同一の「天裁」をお願いする。

ついで、二月二十六日の三草藩主は、版籍奉還が許可されれば、各藩おしなべて「御沙汰の品」があるだろうから、小藩だが奉還する、と言う。

そして、二月三十日の園部藩主は、旧幕府の「判物」は差し上げているが、いずれ「宸裁」があると思うので版籍を奉還する、と言う。

さらに、三月二十九日の久保田藩主は、王土王民論から版籍を奉還するので、朝廷はこれを許可したならば、名分大義を厳正にして、各藩を改めて封ずることを願う、と言う。

また、四月七日の林田藩主は、すでに「判物」を差し上げており、今さら改めて申し上げることはない、各藩と同様に版籍を奉還して、「天裁」を請う、と述べる。

そして、五月三日の高田藩主は次のように言う。王土王民は申し上げるまでもない。旧幕府の「判物」は差し上げている。版籍を奉還するので、しかるべき「御処置」を懇願する。

久保田城帯曲輪門跡■久保田藩主佐竹氏の居城。別名で矢留城とも、葛根城とも呼ばれる。現在、久保田城の本丸・二の丸一帯は千秋公園として整備されている　秋田市

■再交付論の広まり■

藩主たちのあいだで再交付論が広く見られたことは、急進論であった大隈重信や

伊藤博文も後年に述懐している。大隈は次のように語る。

版籍奉還は諸藩の「封土」を朝廷に没収し、封建制度を廃滅させる「端緒」であった。しかし、藩主や重臣はこうしたことを望まないのみならず、思い知ることもなかった。版籍奉還は没収ではなく、幕府から与えられていた藩を改めて、朝廷から与えられる「儀式」として、「本領安堵」である「判物」の書き換えと思った者が多かった。

また、伊藤は次のように述べている。

奉還問題を深く考えず、世間の「流調」にしたがって、建白を出した藩主が多かった。奉還しても朝廷から改めて「本領安堵」の指令に接することを、夢見ていた者がいた。

後年の回顧ではなく、当時の再交付論を日記に書き残している人もいる。佐倉藩士の＊依田学海《よだがっかい》である。依田は明治二年二月二十六日、庄内藩士・犬塚勝弥《いぬづかかつや》の発言として、次のように記している。

大隈重信■佐賀藩出身で、新政府では財政や外交に手腕を振るい、明治31年には内閣総理大臣になった　『近世名士写真其２』　国立公文書館デジタルコレクション

＊依田学海■漢学者・演劇活動家・文芸評論家など多方面で活躍した人物。藩校・成徳書院（現在の千葉県立佐倉高等学校の前身）で漢学・経史を学び、明治五年、佐倉から東京へ出て、東京会議所の書記官になる。明治十四年には権少書記官として文部省に出仕した。その後、音楽取調掛となり、漢文教科書の編集などにも携わった。

諸藩から出された建白は、「すべて封土を一度」奉還した後、新たに「名義」を正して給わりたい という主意である。必ずしも「郡県の制」を行うものではない。

そうとはいっても、すべてが再交付の願望ではなかった。少ないながらも奉還によって「郡県の制」という、藩体制の解体を志向する藩もあった。たとえば、前にみたように越前藩は、「郡県の制度」を想定していた。

そして、米沢藩では藩主と藩士の合議のもと、三月に建白の「大旨」を作成し、藩内に通達している。「大旨」は、次のように述べる。

「郡県の論」は、大義名分が立つ「大正義」である。そのために、先祖伝来の領地という「私愛」を断ち切って、「土地人民」を差し上げる。これは、朝廷への「忠勤」に励むことである。

また、高鍋藩は二月に「檄文」を発して、諸藩に同意を求めている。「檄文」では、次のように述べる。

大政「一新」しても、いまだ土地人民を私して割拠の勢いをなしている。そこで、至急の「要務」として、三項目（第一、版籍奉還して「郡県の制度」に復する。第二、諸侯を貴族と改称する。第三、藩臣を朝臣と称える）を提起し同意を求む。

■公議所で交わされる議論■

舞鶴神社■高鍋藩の藩庁があった舞鶴城跡に隣接する。廃藩置県に際し、現在地に社を建てて、舞鶴城内にあった八幡宮・天満宮・白山神社・財部大明神・龍宮の五社を合祀し、旧城名にちなみ舞鶴神社と称するようになった　宮崎県高鍋町

維新政府は四藩建白に対し、会議を開いて公論を尽くし、処置を決定すると指示していた。公論の一つの場として使われたのが、公議所である。公議所は明治元年十二月、諸藩から選出された議員による議事機関（諮問機関・建議機関）である。この公議所の明治二年五月四日の議題に、郡県・封建論が上程された。奉還後の体制について、封建（大名による分割統治制）にするのか、郡県（政府による中央集権制）にするのかということである。議論の概略は、次のようなものである。

二一九藩から意見が寄せられ、郡県論賛成が一〇二藩、封建論賛成が一一五藩、郡県論でも封建論でもないのが二藩である。そして、郡県論は実質的と形式的に区分できる。前者は、のちの廃藩置県に結びつくような最急進論であり、四〇藩となる。後者は、大藩を府と小藩を県と改称するだけで、郡県という形式に従来の藩主の地位を横すべりさせるだけであり、六二藩となる。封建論は、現状の府藩県三治体制を封建制とみなして、再交付への期待がみられるものである。

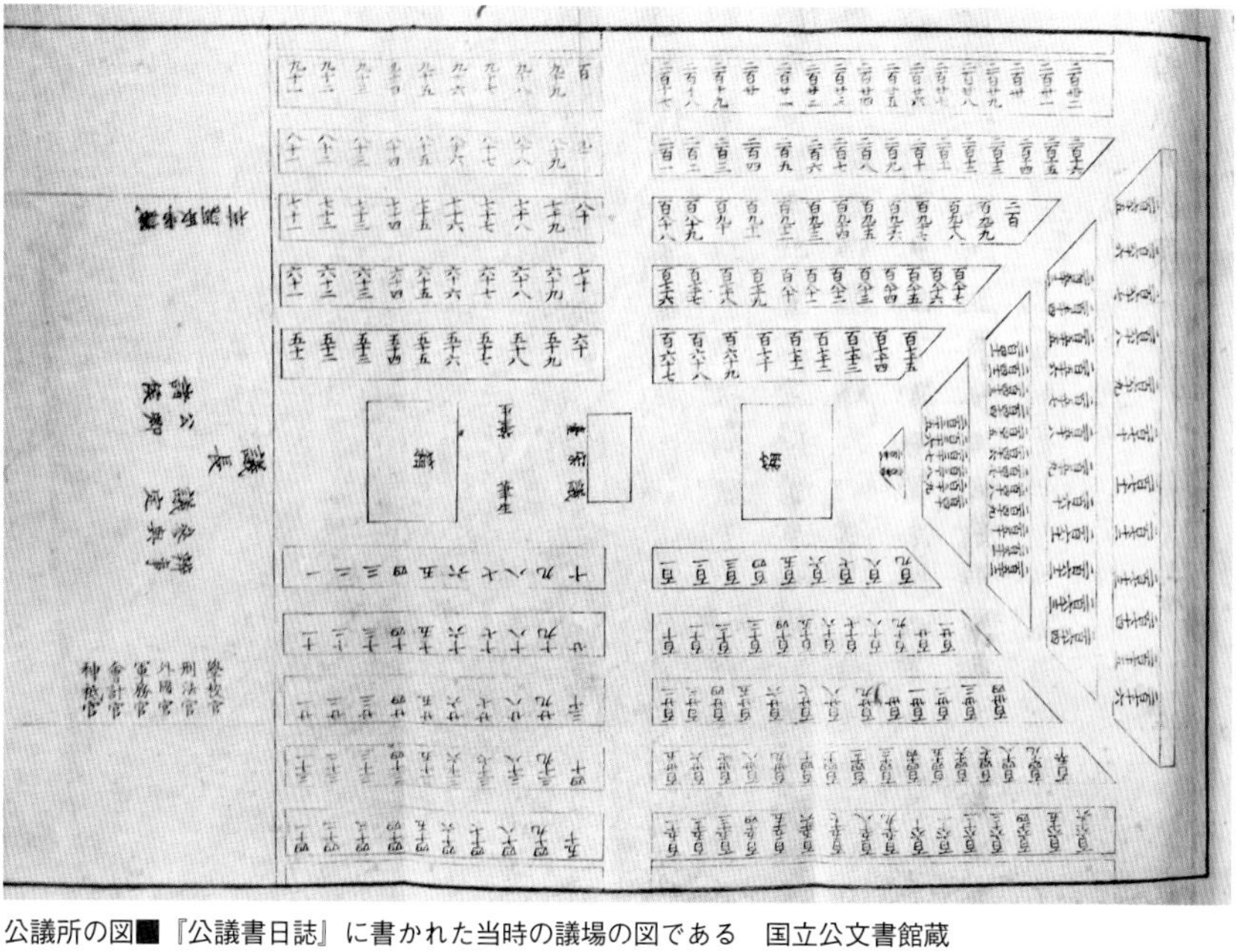

公議所の図■『公議書日誌』に書かれた当時の議場の図である　国立公文書館蔵

このように、公議所での議論では、藩体制を解体する郡県論は少数であった。大部分は、府藩県三治体制を前提とし、従来の藩体制（藩主の地位）を温存する、という郡県・封建併用論であったのである。

■版籍奉還を許可する■

公議所で郡県・封建論が検討されていた時期、維新政府内部で版籍奉還の実施について、具体的な検討がされた。五月四日、輔相の三条実美は率先して建白を行った、薩摩・長州・土佐・肥前四藩の重臣に対し、版籍奉還に関する意見の提出を求めた。これを受けて、四藩では検討が進められる。

一方、政府中枢部では岩倉具視が奉還問題を担当し、六月初めには基本方針が確定している。藩主を知藩事に任命し、藩政はこれまでの藩主（知藩事）に任せ、藩政と家政を分離する、というのが主な決定内容であった。公議所の議論でもみられた、郡県・封建併用論である。六月四日、大久保は鹿児島の桂久武《かつらひさたけ》に宛てた手紙で、郡県にしなければ「名目」が改まらない、などという「空論」が「頻りに」言われているが、政府は漸進主義の立場からこのように決定した、と報じている。

当時の政府内部は岩倉によれば、木戸・後藤象二郎、大久保・副島種臣、板垣退助・東《ひがし》久《く》世《ぜ》通禧《みちとみ》の三派に分かれていたようである。木戸が急進論（郡県論）、大久保が

東久世道禧■急進派の公卿として知られる。文久三年（一八六三）、八月十八日の政変で京都を追われ、長州へ下った。明治四年、岩倉遣外使節団に随行するなど新政府でも活躍した　『近世名士写真其2』　国立国会図書館デジタルコレクション

漸進論（郡県・封建併用論）を主張したが、岩倉は「緩急」の違いであるとみている。

木戸と大久保の相違は、知藩事の世襲をめぐって問題化した。

　木戸が欠席した六月十二日の政府会議で、岩倉・大久保・副島らの主張で、知藩事の世襲制が内定した。木戸や伊藤は内定を聞いて、知藩事の世襲制では名称変更だけであり、従来の藩主と実質的な違いはない、と激しく反対する。伊藤は抗議の意味で、十四日に辞表を提出している。木戸・伊藤の反対によって、最終的には非世襲制となった。

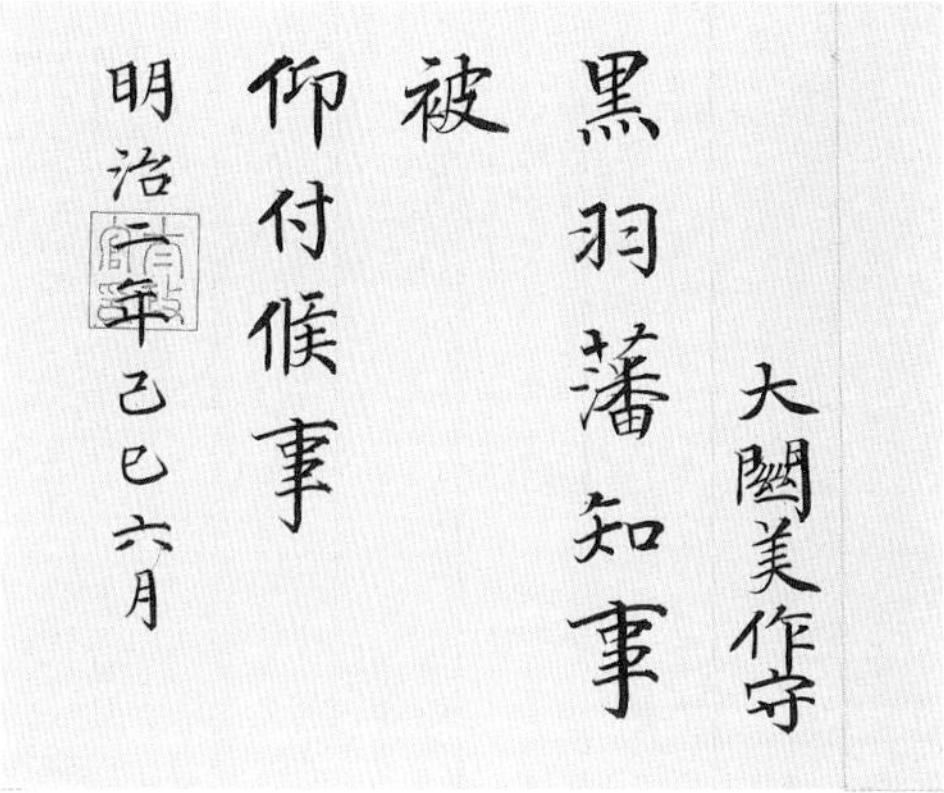
大関美作守
黒羽藩知事
被
仰付候事
明治二年己巳六月

太政官辞令■下野国那須郡にあった黒羽藩の藩主・大関美作守増勤を藩知事に任じた文書。大関増勤は、戊辰戦争で新政府に恭順し、黒羽藩最後の藩主となった　栃木県大田原市蔵

　版籍奉還問題は、基本的には大久保らの郡県・封建併用論（漸進論）で処理された。木戸らの郡県論（急進論）は、知藩事の非世襲制ぐらいしか採用されなかったのである。

　六月十七日、版籍奉還は勅許（天皇の許可）され、同日にまず四〇名の藩主が知藩事に任じられた。以後、明治三年八月までに二七一名の藩主が知藩事に任命されている。

徳川昭武■徳川慶喜の異母弟。最後の水戸藩主となった人物で、六月十七日の版籍奉還で、はじめに知藩事に任じられた藩主四〇名の一人である　『近世名士写真其2』　国立公文書館デジタルコレクション

第三章 変質してゆく藩

■版籍奉還の意義とは？■

　維新政府は版籍奉還を許可したが、多くの藩主が願望していた領地の再交付は行っていない。前にみたように、薩摩藩では、伊地知のような再交付論が存在していた。だが、再交付論に激しく反対したのが木戸である。

　木戸は四月中旬、岩倉に薩摩藩に「国論一定」（再交付論の否定）を求める。岩倉の調整により五月半ばには、薩摩藩も「一定」して政府内で、「土地人民」は「私有に非ざる」として、再交付論は姿を消していた。

　再交付という藩主たちの願望は、見事に裏切られることになった。しかし、かれらは黙って受容したのである。なぜ、反発しなかったのだろうか。

　第一は、藩主が王土王民論を前提に、天皇の版籍与奪権を認めたことである。この立場では、与えられなかったからといって、公然とは反対できない。つまり、天皇が願望を受け入れなかっただけである。王土王民論の容認によって、藩主は自らの領有権を主張できなくなったのである。

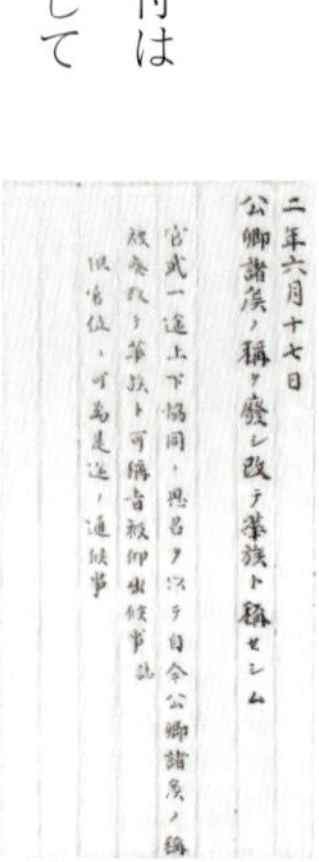

公卿諸侯ノ称ヲ廃シ改テ華族ト称セシム
■六月十七日付けで出されたもので、公卿を華族と称することが決められている。ただし、官位はこれまで通りとされた　『太政類典』国立公文書館蔵

第二は、維新政府の旧藩主保護策である。旧藩主を知藩事として任じ、引き続き藩地に留めて藩政を任せている。そして、知藩事任命と同日に「公卿《くぎょう》諸侯の称」を廃して華族《かぞく》と称す、と新たな華族という称号を与えている。藩主にとっては、実質的に何も変わらず、かえって身分の上昇（公卿と同格の華族）をもたらす措置であった。なお、藩名は藩庁が置かれた地名を用いることになる（たとえば、薩摩藩は鹿児島藩。長州藩は山口藩。以後、本書でもこのように表記する）。

旧山口藩庁表門■明治３年に竣工した藩庁の正門で、当時の様子を伝える。現在の山口県庁のすぐ近くにある　山口市　画像提供：一般財団法人山口観光コンベンション協会

　版籍奉還の最大の意義は、藩主の個別領有権が否認されたことである。そして、王土王民論によって、天皇が制度的には日本唯一の土地領有者となったのである。諸藩の旧来の領地は、直轄地

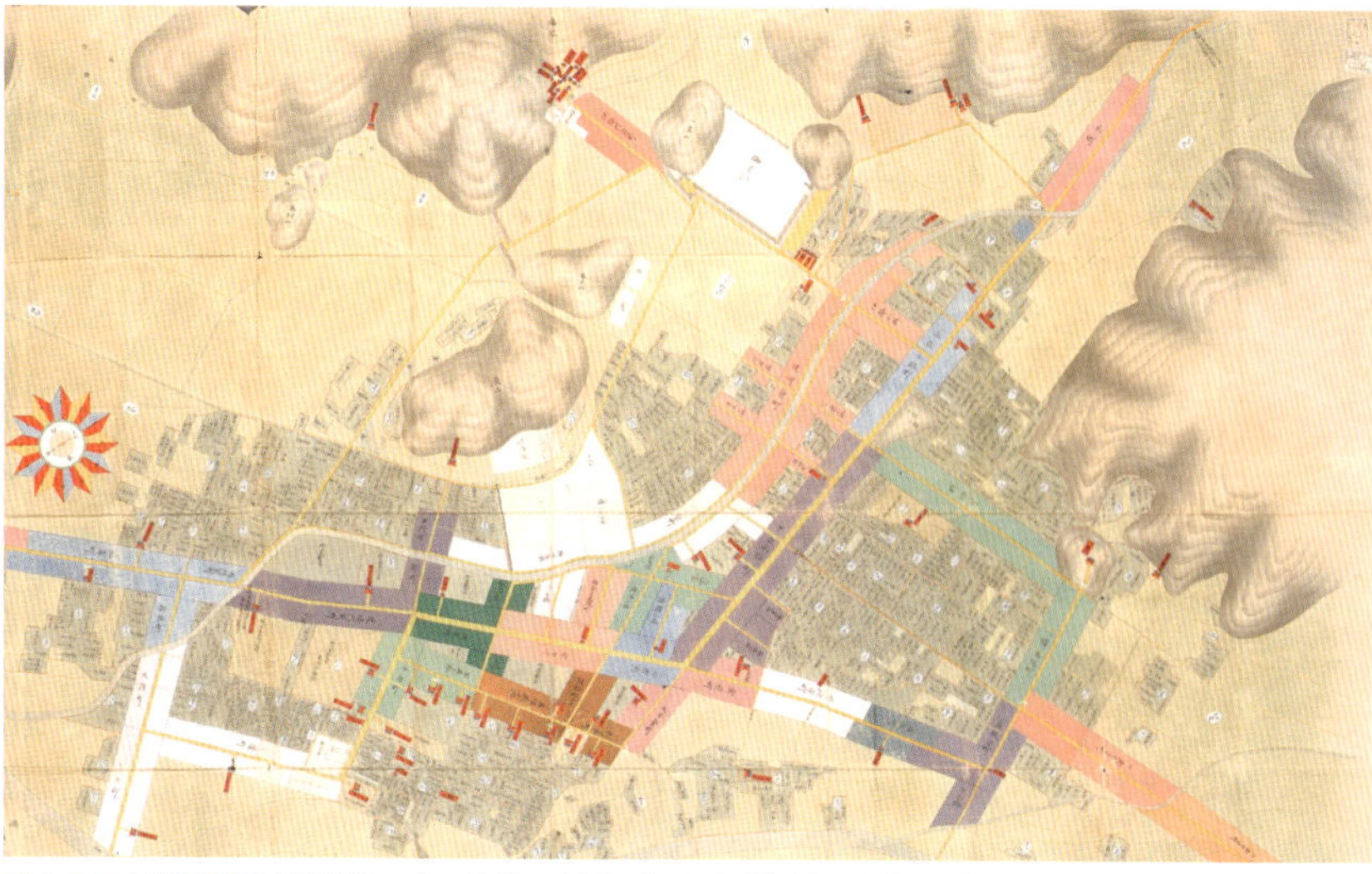

幕末山口市街図■藩庁移転後の山口を描いた図。御屋形（藩庁）・御茶屋（藩の公館で藩主の参勤や国内巡行などに利用）・御客屋（他藩からの使者等の応接所）など、藩の施設が描かれている　山口県文書館蔵

である府・県と同様に「管轄地」と呼ばれ、知藩事は天皇の土地を「管轄」する地方官となった。また、藩主が領主でなくなったことから、制度的には旧藩主と旧藩士との主従関係は断ち切られた。しかし、いずれも制度的なものであり、実質的に大きく変わったわけではなかった。

■府藩県三治体制が確定する■

版籍奉還許可後の六月二十五日、維新政府は知藩事に対して、十一か条におよぶ指令（「諸務変革令《しょむへんかくれい》」と言われる）を出した。現在の石高・諸産物・諸税・年間経費・職制・職員・藩士・兵士・人口・戸数などを調べて、十月までに報告せよという指示である。これは、諸藩の実態を直接把握するのが目的である。

そして、この指令のなかには注目すべき二つの項目が含まれていた。一点目は、家老以下の藩士をすべて士族《しぞく》とすることである。これまでの藩士の複雑な身分体系を統一し、藩主を華族としたことと相まって、武士階級を華族と士族に再編したものである。

二点目は、知藩事の家禄を現在の石高（歳入）の十分の一とすることである。知藩事の収入を定めることは、藩庁経費と分けることを意味する。藩政と家政の分離方針は、前年の藩治職制で出されていたが、ここに明確となった。

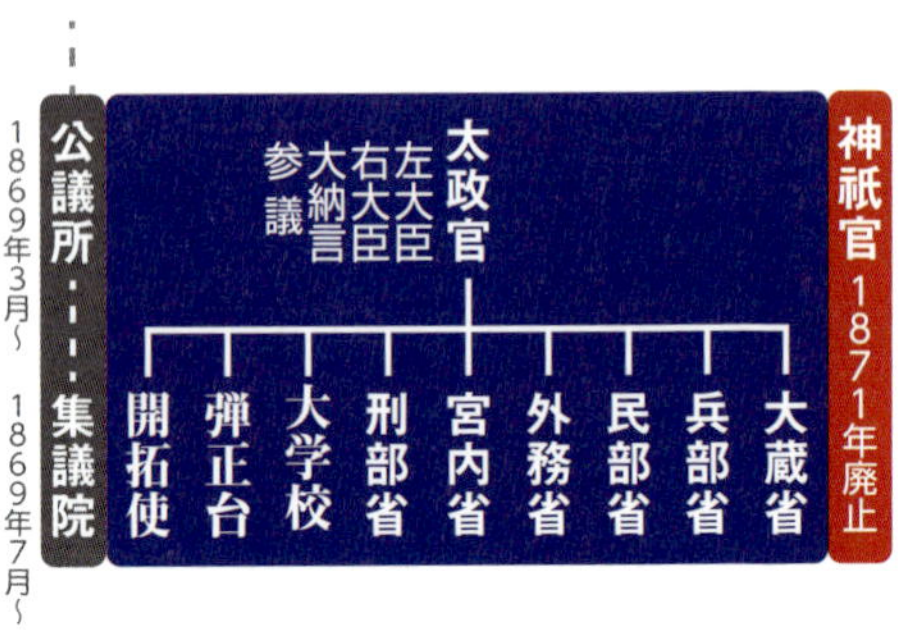

図3　太政官制（二官六省制）

七月八日、それまでの政体書による官制を変更して、職員令《しきいんりょう》が制定された。祭典と天皇・皇族の陵墓《りょうぼ》を掌《つかさど》る神祇官《じんぎかん》と、天皇を補佐し国政を概括する太政官《だじょうかん》の二官を置いている（神祇官を形式的に上位）。そして、太政官のもとに民部・大蔵《おおくら》・兵部《ひょうぶ》・刑部《ぎょうぶ》・宮内《くない》・外務《がいむ》の六省を設けている。太政官を実質的な最高機関として、そこに左大臣・右大臣および大納言と参議を置く官制改革である。職員令によって、藩はどのようになったのだろうか。

政体書では、藩の長官を「諸侯」、すなわち藩主（大名）とするだけで、職掌については何の規定もなかった。これに対して職員令では、府・県の長官と同じように「知事」として、職掌を明記している。職掌も府・県とほとんど同じである。版籍奉還によって、藩主の領有権が無くなったことに対応して、ここに官制上で地方長官として位置づけられたのである。また、知事のほかに大参事《だいさんじ》と少参事《しょうさんじ》が設けられたが、これも府・県と同様である。

このように、版籍奉還を経て制定された職員令によって、政体書で誕生した府藩県三治体制は、制度上、確定されるにいたっ

明治東京全図■廃藩置県後の明治９年に描かれたものだが、大蔵省や外務省など各機関が置かれた東京の様子を伝える　国立公文書館蔵

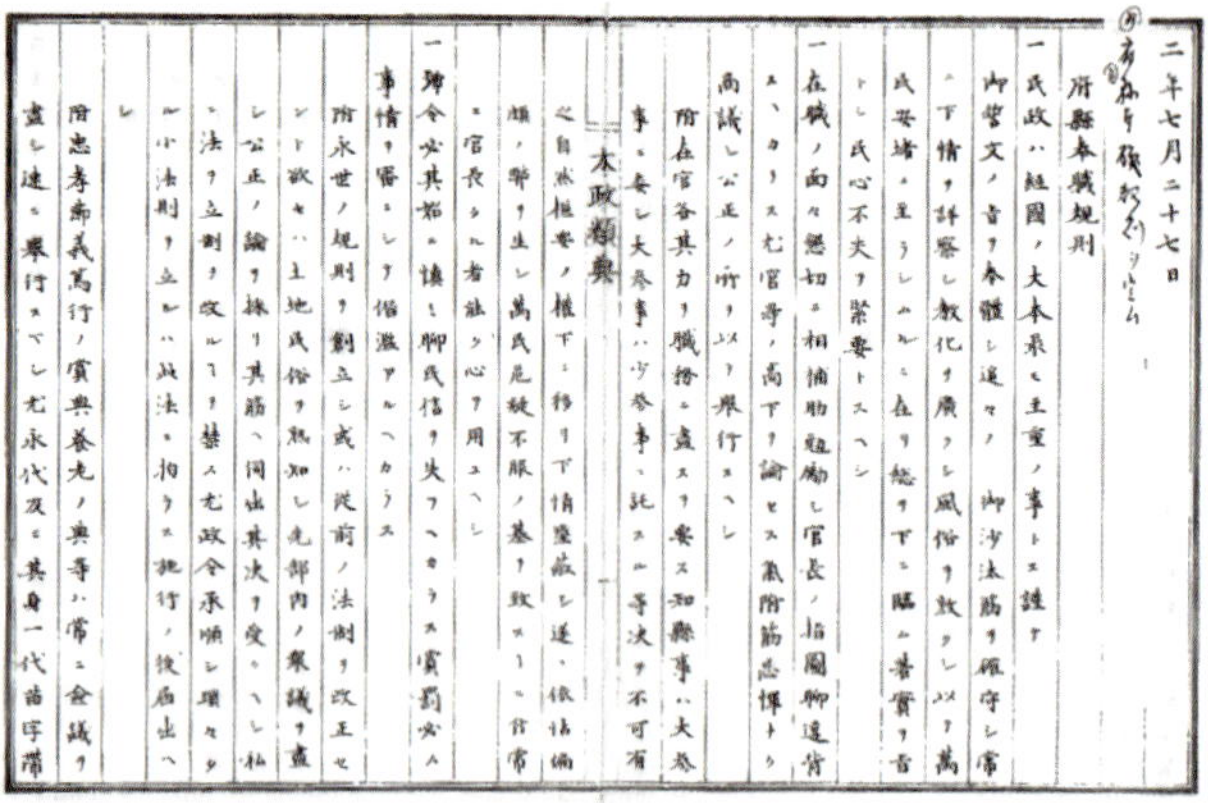

二年七月二十七日
府縣奉職規則ヲ定ム
府縣奉職規則
一民政ハ經國ノ大本最モ至重ノ事トス謹テ
御誓文ノ旨ヲ奉體シ追々ノ　御沙汰筋ヲ確守シ常
ニ下情ヲ詳察シ教化ヲ廣クシ風俗ヲ敦クシ以テ萬
民安堵ニ至ラシムルニ在リ總テ下ニ臨ム者實ヲ旨
トシ民心不失ヲ緊要トスヘシ
一在職ノ面々懇切ニ相輔助勉勵シ官長ノ指圖ニ違背
スヘカラス尤官等ノ高下ヲ論セス亂階觸忌憚ナク
商議シ公正ノ所ヲ以テ舉行スヘシ
府在官各其力ヲ職務ニ盡スヲ要ス知縣事ハ大參
事ニ委シ大參事ハ少參事ニ託スル等決テ不可有
太政類典
之自然推委ノ權下ニ移リ下情壅蔽シ遂ハ依怙偏
頗ノ弊ヲ生シ萬民危疑不服ノ基ヲ致スヘシ常
ニ官長タル者能ク心ヲ用ユヘシ
一號令必其始ニ慎ミ聊民信ヲ失フヘカラス賞罰必ス
事情ヲ審ニシテ偏激アルヘカラス
府永世ノ規則ヲ創立シ或ハ從前ノ法制ヲ改正セ
ント欲セハ土地民俗ヲ熟知シ先部内ノ衆議ヲ盡
シ公正ノ論ヲ採リ其筋ヘ伺出其決ヲ受ヘシ私
ニ法ヲ立制ヲ改ルコトヲ禁ス尤政令承順シ瑣々タ
ル小法則ヲ立ルハ成法ニ拘ラス施行ノ後届出ヘ
シ
府忠孝節義篤行ノ賞典養老ノ典等ハ常ニ會議ヲ
盡シ速ニ舉行スヘシ尤永代及ヒ其身一代苗字帶

府県奉職規則（部分）■『太政類典』　国立公文書館蔵

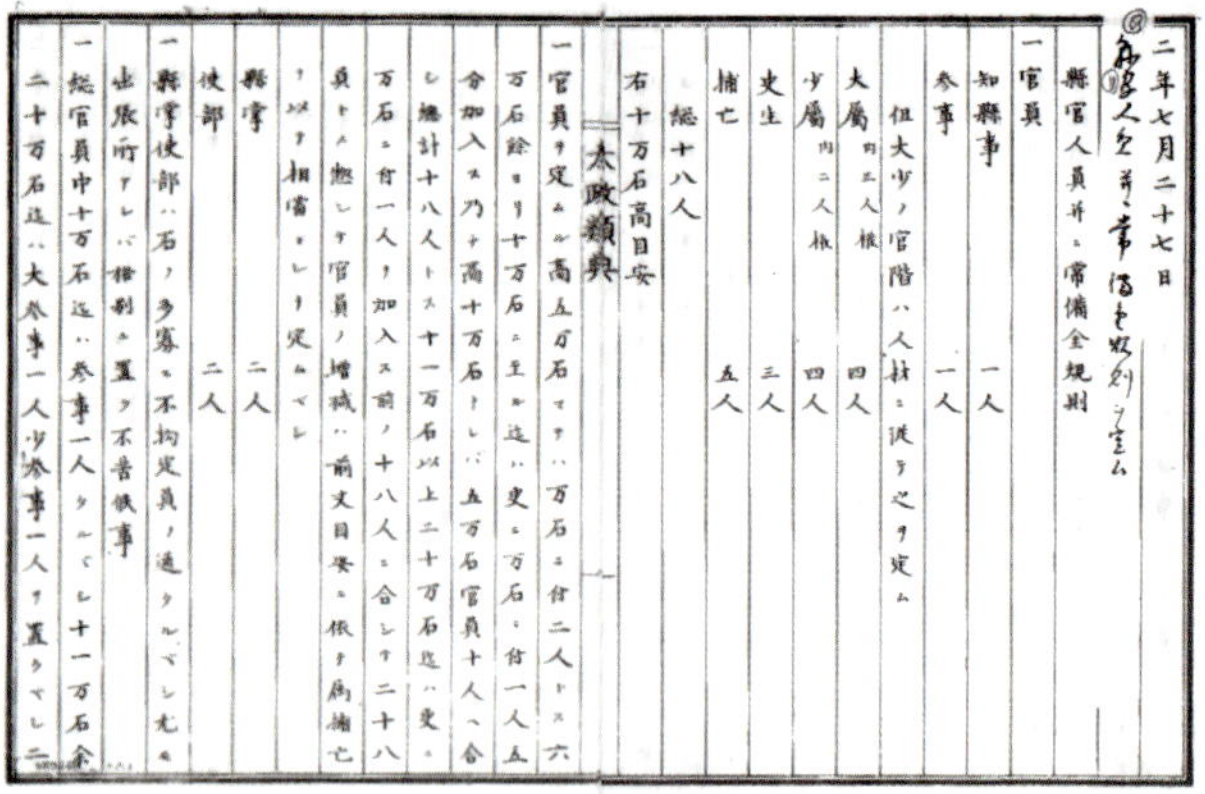

二年七月二十七日
縣官人員並常備金規則ヲ定ム
縣官人員並ニ常備金規則
一官員
知縣事　一人
參事　一人
但大少ノ官階ハ人材ニ從テ之ヲ定ム
大屬 内三人權　四人
少屬 内二人權　四人
史生　三人
捕亡　五人
総十八人
右十万石高目安
太政類典
一官員ヲ定ムル高五万石マテハ万石ニ付二人トス六
万石餘ヨリ十万石ニ至ル迄ハ更ニ万石ニ付一人五
合加入ス乃チ高十万石ナレハ五万石官員十人ヘ合
シ總計十八人トス十一万石以上二十万石迄ハ更ニ
万石ニ付一人ヲ加入ス前ノ十八人ニ合シテ二十八
員トス總レテ官員ノ増減ハ前文目安ニ依テ病捕亡
ヲ以テ相當ニシテ定ムヘシ
縣掌　二人
使部　二人
一縣掌使部ハ石ノ多寡ニ不拘定員ノ通タルヘシ尤モ
出張所アレハ増制ニ置ク不苦候事
一総官員中十万石迄ハ參事一人タルヘシ十一万石余
二十万石迄ハ大參事一人少參事一人ヲ置クヘシ二

県官人員並常備金規則（部分）■『太政類典』　国立公文書館蔵

た。版籍奉還問題は五月二十一日、政府会議に諮問されたが、その際に出された御下問書には、政令が「一途」に出るため、府藩県三治の制をもって全国を統一するという旨趣により知藩事に任ずる、と記されていた。

■府藩県への統制■

維新政府は版籍奉還問題が検討された頃から、府藩県に対する統制を強めていく。まずは、府・県からみていこう。奉還前の二月五日に制定された、府県施政順序は次のようにいう。

地方制度で府藩県三治体制が打ち出された。しかし、一定の規則がないため、藩はもとより府県すら統一を欠き、庶民の疑惑を招いている。こうした現状を打破するため、施政方針を立てるものである。

このように述べたうえで、府県事務の大綱を掲げ、地理や風俗を考慮して、漸進的に実施するよう求めている。

そして、奉還後の七月二十七日、府県奉職《ふけんほうしょく》規則《きそく》と県官人員《けんかんじんいん》並《ならびに》常備金《じょうびきん》規則《きそく》を制定する。前者は府県職員の服務規律であり、地方官の専決を戒めている。後者は、県の官員数と常備金について、石高に応じた定員と金額を定めている。府県統一に向けてのスタートである。

次に、藩への統制に目を転じよう。奉還前の明治二年一月九日、政務はすべて藩の指揮によるが、府藩県「同一治」の趣意を守って彼我の別なく取り扱え、という指令を出す。そして、二月二十日には、外国からの私的な借金を禁止するので、借りたいならば外国官*（政府）の指示に従え、と指示する。

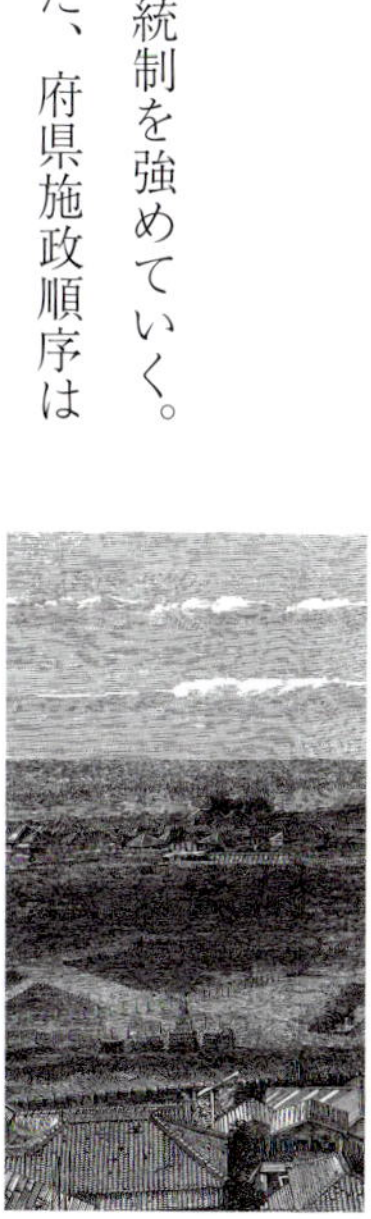

LONDON NEWSに描かれた明治時代の横浜■横浜は外国船が行き来する開港場であり、府藩県統制で課題の一つとなった　個人蔵

＊外国官■外交・貿易・領土などを管轄した官庁で、知事は伊達宗城らが歴任した。明治二年七月、太政官制の改正により外務省となった。

神戸市街■開港場の1つ、神戸（兵庫）の明治時代の様子。写真奥には海を行き交う船もみえる　『敷島美観』　個人蔵

そして、奉還後の六月二十二日に次の通達を出す。それは、三府や開港場で府藩県が、「商会所」を設けて「勝手」な商売をしており、これまでは一定の「商律」がなかったので、黙認していたが、追々「商律」を制定して、一切「廃絶」する、というものである。同月三十日には、諸藩が雇った外国船の開港場以外への入港を禁じ、違反した場合は積荷を没収して罰金を科す、という厳しい措置を打ち出す。

さらに、九月一九日、諸藩の*1津留《つどめ》を「以《もっ》ての外《ほか》」として廃止令をだすが、そこには国内「同視」の趣意であるからと明記されている。そして、十二月五日には、旧幕府が許していた藩札を増やすことを厳禁し、これまで製造した額を報告するとともに、「御一新」後に府藩県が製造した紙幣の通用停止を命じている。同日には、旧幕府時代の諸藩の*2飛地《とびち》の整理に向けて、それを府県の管轄とする方針を打ち出す。

版籍奉還により藩主の領有権が否認され、藩が府県と同じ地方行政区画となって、府藩県三治体制が制度的に確定した。この意義は大きい。維新政府は以後、府藩県三治体制の実体化に向けて、中央集権化政策を強行していくことになる。

現在の新潟港■明治元年に開港場となり、外国との貿易が行われた。現在も国際貿易港として栄えている　新潟市

*1　津留■米穀などの他領との移出入。

*2　飛地■本領から離れた所にある領地。

第三部　ついに廃藩置県が断行される

〝強い政府〟をめざすため中央集権化を進める一方で、財政悪化によりあいつぐ廃藩。それぞれが思惑をめぐらすなかで断行された廃藩置県の実態とは？　万国対峙という国家目標の実現に向け、政府は新たな一歩を踏み出す。

西郷隆盛画像■尚古集成館蔵　松尾千歳著『シリーズ・実像に迫る 011 島津斉彬』（戎光祥出版、2018 年）より転載

第一章 中央集権に向けて

藩財政の窮乏

明治二年半ば以降、府藩県三治体制の実体化をめざし、中央集権化政策が進められる一方、同年後半から諸藩の財政は、ますます窮乏することになった。

前述のように、戊辰戦争の軍事費が諸藩の財政を苦しめたが、明治二年の東北地方を中心とする東日本全域にわたる凶作が、藩財政に追い打ちをかけた。諸藩の明治三年における借金の平均は、収入の約三倍にも達している。大・中藩にくらべ小藩が高く、小藩の財政は逼迫状態であった。藩体制はもはや、財政面において維持できない状態となっていた。

財政悪化は、藩の象徴である城郭の維持をも困難にさせ、城郭の取り壊しを願い出る藩もあらわれている。明治三年四月の膳所《ぜぜ》藩を先がけとして、同年六月には大藩である熊本藩が申請した。申請文は、火器を使用する戦いでは、城郭は「無用の贅物《ぜいぶつ》」となっており、「旧習」を一新する意味でも取り壊したいと述べている。ちなみに、熊本城は取り壊されず、のちの西南戦争という火器を使用した西郷軍の攻

膳所城跡の復元城門■琵琶湖沿岸にあった城で、本丸跡は公園として整備されている　大津市　画像提供：大津フォトライブラリー

藩数	277
領地高	18,809,480石

内国債		74,130,874円	藩債の総申告額	
	内訳	主なもの	%	
	新債	12,820,216円	17.3	明治元年から4年までの藩の負債
	旧債	11,220,841円	15.1	弘化元年から慶応3年までの24年間の藩の負債
	官債	6,435,949円	8.7	旧藩および旧幕直轄地に対する政府からの財政補助としての貸付
（放棄消滅）	古債	12,025,981円	16.2	天保14年以前の藩の負債
	棄債	14,977,026円	20.2	明治4年届出を失誤するか、書類の焼失等により公債に該当しないもの
外国債		4,002,052円	※内訳のほかに利子等があるので、内訳の合計とは一致しない	
	内訳	1,854,145円	46.3	輸入品（軍艦・汽船・武器・米・反物・小間物・機械類等）代金支払未済
		316,365円	7.9	輸入品（茶・生糸・銅・樟脳等）引当前借
		749,798円	18.7	藩経費充当現金借入
		369,352円	9.2	商業資金・民間勧業救済貸付資金借入
		472,700円	11.8	その他
内外債総合計		78,132,926円		

表3　明治初年時の藩債■田中彰『明治維新　日本の歴史 24』（小学館、1976年）132頁をもとに作成

藩名	現収高	内国債	外国債	内外債計	藩札	内外債計＋藩札	内外債＋藩札 / 減収高（%）
金沢	2,936	1,799	188	1,987	1,874	3,861	132
熊本	1,423	308	−	308	1,995	2,303	162
名古屋	1,206	4,126	−	4,126	−	4,126	342
鹿児島	1,123	1,321	96	1,417	571	1,988	177
和歌山	1,049	2,091	−	2,091	1,324	3,415	326
広島	960	1,795	46	1,841	644	2,485	259
山口	947	1,938	2	1,940	1,480	3,420	361
高知	931	764	455	1,219	755	1,974	212
佐賀	823	431	472	903	989	1,892	230
静岡	787	530	−	530	−	530	67
福岡	778	2,084	2	2,086	504	2,590	333
徳島	775	524	−	524	1,337	1,861	240
秋田	690	2,597	508	3,105	81	3,186	462
岡山	653	1,199	−	1,199	867	2,066	316
鳥取	594	974	−	974	684	1,658	279

単位：千円，%

表4　大藩の収入と負債■中村哲『明治維新』（集英社、1992年）77頁をもとに作成

撃に耐えている。申請文では「無用の長物」を理由としているが、財政悪化によるものであった。なお、明治三年中には山口藩も含め、計一九藩から申請が出されている。

年貢の増徴による収入増加が難しいことから、財政悪化に対応するため、各藩はいやおうなしに支出削減を余儀なくされた。支出の多くは士族（藩士）の家禄であり、家禄の削減以外に方策はない。版籍奉還にともなう「諸務変革令」で知藩事の家禄は、前述のように歳入の一割となった。士族の家禄も、これに準拠して定めるよう指令が出され、明治二年六月から禄制改革に着手する藩があらわれる。

改革は藩によって若干異なるが、上層士族が一割に削減されたのに対し、中層の削減率は緩められ、下層は削減率が低いか現状維持というのが一般的である。これは、上損下益方式といわれている。禄制改革はその後、廃藩置県の前まで行われて、家禄総額の五割以上を削減したのはわずかで、大部分の藩は一～四割の削減という結果になった。

自主的廃藩の出現

小藩のなかには、財政破綻から藩を維持できないことから、自ら廃藩（知藩事の辞任）を申し出る藩があらわれてきた。最初に願い出たのが、亀岡藩（一万石）・狭《さ》

熊本城跡遠景■熊本藩の藩庁が置かれた。熊本城の取り壊しは、作業開始当日になって凍結されることになった。これは現知藩事と前知藩事の対立をはじめとし、藩内に意見の相違があったためらしい　熊本市　画像提供：熊本国際コンベンション協会

山《やま》藩（一万石）・吉井藩（一万石）である。三藩の知藩事は明治二年六月（日不明）、辞表を提出するが、維新政府は七月に却下している。

　これらの藩のなかで狭山藩は十月、吉井藩は十二月に再度辞表を提出する。十二月に両藩の辞表が受理され、狭山藩は堺県（大阪府）に、吉井藩は岩鼻県（埼玉県）にそれぞれ合併されている。最初の廃藩であり、明治二年十二月のことであった。

　明治四年七月の廃藩置県前に自主的に廃藩を決意した藩は、次の一三藩である。三年では七月の盛岡藩、九月の鞠《まり》山《やま》藩、十月の長岡藩、十一月の福本藩、十二月の高須藩。四年に入り、二月の多度津藩、四月の丸亀藩、六月の竜岡《たつおか》藩・徳山藩・大《おお》溝《みぞ》藩・津和野藩である。丸亀藩（五万一〇〇〇石）と盛岡藩（一三万石）以外は、すべて一万石から五万石未満の小藩である。

　三年以降の廃藩建白も狭山・吉井両藩と同様、財政逼迫により藩の維持が困難となったことを理由

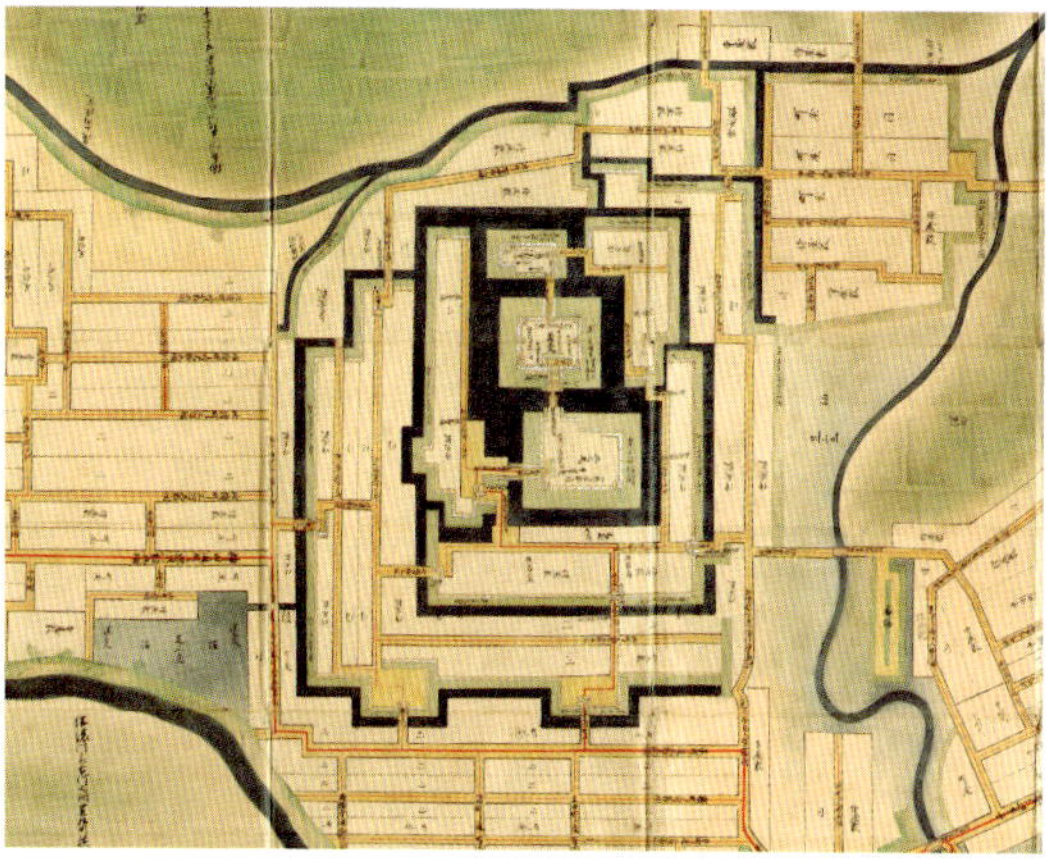
越後国古志郡之内長岡城之図（正保城絵図）■長岡城には長岡藩の藩庁が置かれた。長岡藩はもともと7万4000石であったが、戊辰戦争で朝敵となったため、戦後に5万石没収となり、財政が逼迫していた　国立公文書館蔵

丸亀城跡■丸亀藩の本城で、石垣が有名である。本丸には江戸時代に建てられた御三階櫓が現存し、城域は公園として整備されている　香川県丸亀市

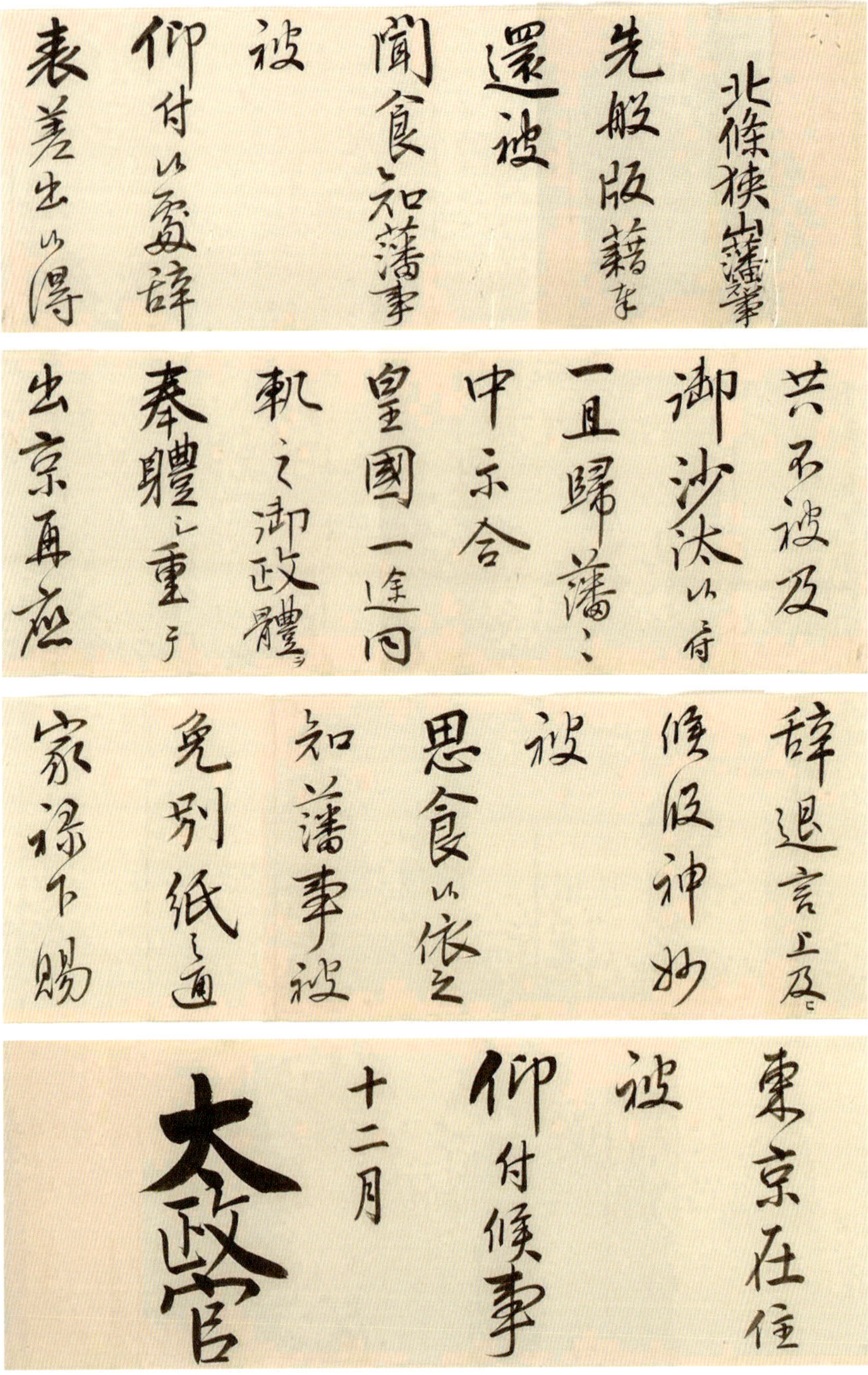

狭山藩知藩事の辞表が認められた知藩事辞退聞届状写■個人蔵　画像提供：大阪狭山市教育委員会

にあげている。そして、自藩の廃絶のみを主張し、今後の地方体制については何も論じていない。そうしたなか、盛岡・多度津・竜岡・津和野の四藩は、郡県を志向する廃藩論を展開している。自主的廃藩を行った一三藩のなかで、例外的に大きな藩であり、郡県論を主張した盛岡藩について、少しみていこう。

盛岡藩は戊辰戦争の「朝敵」藩として、二〇万石から一三万石に削減され、盛岡から白石（福島県）に移されるという処分を受けた。その後、盛岡藩は白石から旧領への復帰運動をすすめ、その結果、明治二年七月に盛岡復帰が実現した。しかし、復帰条件として政府への七〇万両献金を約束させられ、この献金が自主的廃藩の直接的な理由となった。

すなわち、七〇万両を収められないので、廃藩を打ち出さざるをえなくなったのである。そこには、東北地方の藩と県を監

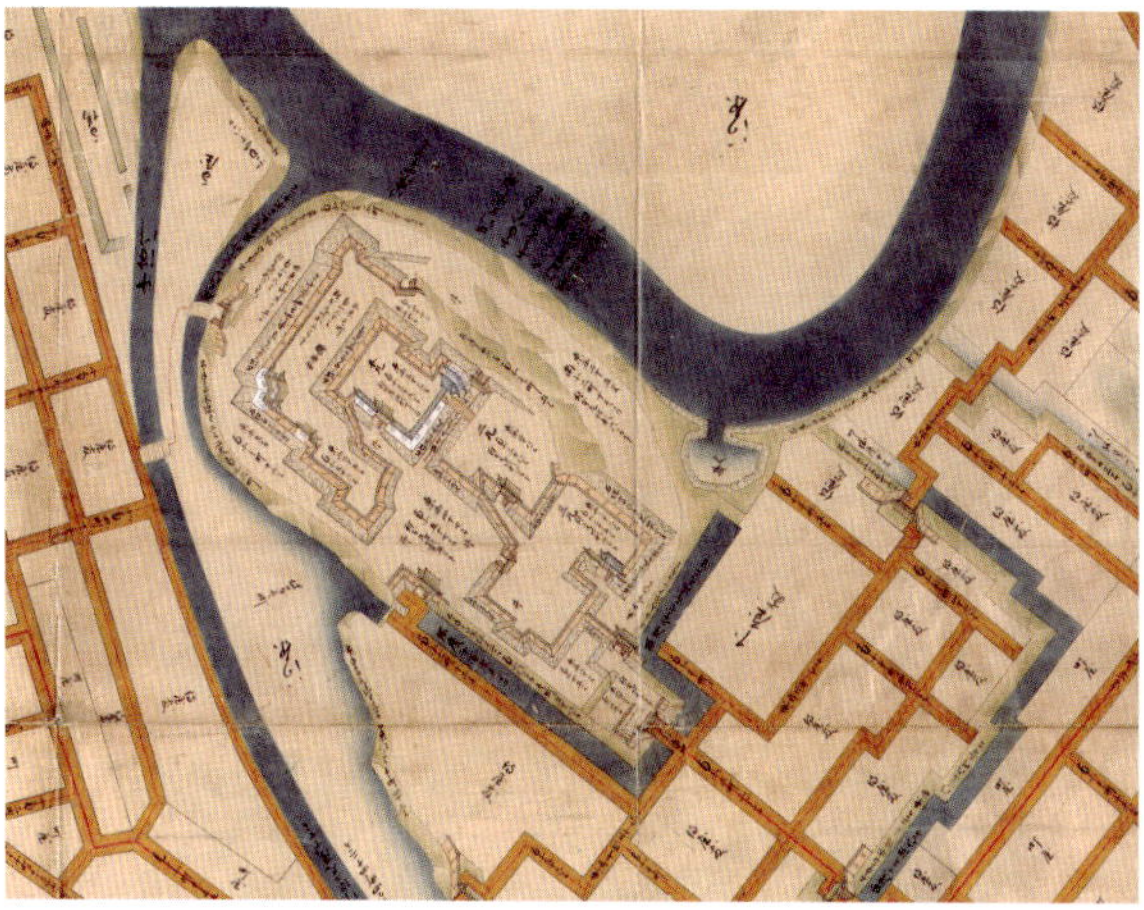

南部領盛岡平城絵図（正保城絵図）■盛岡藩の藩主・南部氏の居城。盛岡城は、廃藩置県ののち明治５年に陸軍省所管となり、明治７年には内曲輪（御城内）の建物の大半が取り壊された。その後、公園に整備され、現在に至っている　国立公文書館蔵

津和野城跡からの眺望■津和野藩主・亀井氏の居城。藩庁自体は急峻な山城を避け山麓に置かれた。石垣や堀などの遺構が残る。廃藩後、城は津和野の商人に払い下げられた　島根県津和野町

督する、按察使《あんさつし》の廃藩に追い込む意図があった。

　盛岡藩は、七〇万両を捻出するため士族一同が家禄を返上し、武器や家財道具などを売却したが、五万四〇〇〇両の納入しかできなかった。藩財政の完全なる破綻であった。按察使は、こうした盛岡藩に対し未納分の代償として三万五〇〇〇石を差し出すよう命じる。この命令は、事実上の廃藩要求にほかならない。

ここに盛岡藩の知藩事・南部《なんぶ》利恭《としゆき》は、三年三・五・六月と三度にわたって辞表を提

		明治元年、維新政府による区分			
		小藩（1～9万石）	中藩（10～39万石）	大藩（40万石以上）	計
一年の貢租収納一〇〇石に対する藩債額	1,000円～	31藩	4藩	0藩	35藩
	800～	18	3	0	21
	700～	19	2	0	21
	600～	9	2	0	11
	500～	19	1	1	21
	400～	24	2	3	29
	300～	12	5	1	18
	200～	17	5	0	22
	100～	24	5	1	30
	100未満	9	2	1	12
	計	182藩	31藩	7藩	220藩

表5　明治初年の藩財政の藩債額の内訳■上記の藩債額は明治4年に政府が引き受けた内・外国債で，貢租収納高は明治2年の段階。藩数には慶応4年の新立、減藩再立、減高藩はふくまれていない　田中彰『明治維新　日本の歴史24』（小学館、1976年）134頁をもとに作成

	藩名	石高	廃藩年月日	合併藩県	現在府県名
県への合併	吉井藩	10,000	明2.12.26	→ 岩鼻県	埼玉県
	狭山藩	10,000	明2.12.26	→ 堺県	大阪府
	盛岡藩	130,000	明3. 7.10	→ 盛岡県	岩手県
	長岡藩	24,000	明3.10.22	→ 柏崎県	新潟県
	多度津藩	10,000	明4. 2. 5	→ 倉敷県	香川県
	丸亀藩	51,512	明4. 4.10	→ 丸亀県	香川県
	竜岡藩	16,000	明4. 6. 2	→ 中野県	長野県
				→ 伊那県	長野県
	大溝藩	20,000	明4. 6.23	→ 大津県	滋賀県
	津和野藩	43,000	明4. 6.25	→ 浜田県	島根県
藩への合併	鞠山藩	10,000	明3. 9.17	→ 小浜藩	福井県
	福本藩	10,573	明3.11.23	→ 鳥取藩	兵庫県
	高須藩	30,000	明3.12.23	→ 名古屋藩	愛知県
	徳山藩	40,010	明4. 6.19	→ 山口藩	山口県

表6　廃藩置県前の廃藩一覧■中村哲『明治維新』（集英社、1992年）80頁をもとに作成

出する。辞表は按察使の圧力を受けて、書き直されたものであった。

当初は、献金問題からの財政破綻を掲げていた。しかし、最終的な辞表では削除され、郡県の実績をあげるために率先して辞職（藩の解体）を願い出る、と変更されている。盛岡藩は按察使によって廃藩に追い込まれたが、根底には「朝敵」藩としての処分があった。

なお、盛岡藩の支藩である七戸藩（一万石）にも同時期、盛岡藩に連動するかたちで自主的廃藩の動きがあったことが、最近明らかにされている。しかし、藩内の一致を得られなく、辞表提出を見送っているうちに廃藩置県の断行に至っている。

■「藩制」を制定する■

自主的廃藩の動きがあらわれた頃、維新政府は府藩県三治体制の徹底（実体化）に向けて、明治三年九月十日に「藩制」を制定する。「藩制」は、藩への統制強化によって画一化を進め、中央集権化を図ろうとするものである。内容は、諸藩を大藩（一五万石以上）・中藩（五万石以上）・小藩（五万石未満）と三区分して、主に藩庁の職制と藩財政の統一を指示するものである。

職制は、藩を府・県とまったく同一にするものである。前年の「職員令」では、権大参事と権小参事は、府・県のみにしか置かれていなかった。これを、藩にも置

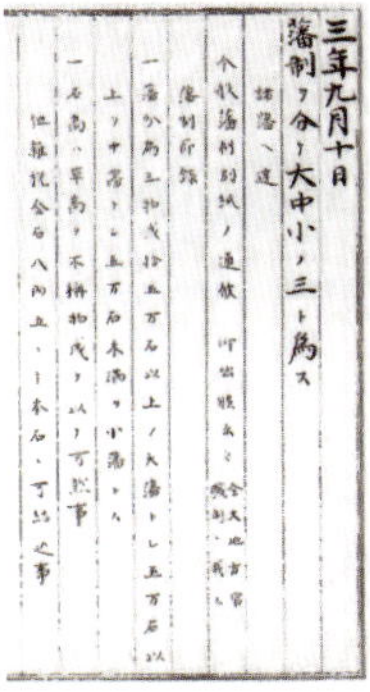
三年九月十日
藩制ヲ分テ大中小ノ三ト為ス
諸藩ヘ達

「藩制ヲ分テ大中小ノ三ト為ス」■石高に応じて藩を大中小にすることが書かれている　『太政類典』　国立公文書館蔵

くことで同一化を図っている。

財政は、藩歳入の使途と藩債・藩札の処理方法についての規定である。具体的には、使途で歳入の一〇パーセントを知事の家禄、九パーセントを陸海軍費（半額の四・五パーセントは、海軍費として政府に上納）、残りの八一パーセントを藩庁費と士族の家禄（それもなるべく節約して軍事費に充てる）とする、というものである。藩債処理については、各藩で償却年限を決め、藩庁費と士族の家禄を財源として返済するように指示している。藩札処理については、藩札引替え完了のめどを立てるよう命じている。

職制や財政以外では、家禄の増減や死刑は政府の許可を必要とすること、士族のほかに等級を設けてはならないこと、知藩事は三年に一度東京に来ることなどが指令された。

こうしたなかでは、財政統一の指示が藩体制にもっとも大きな影響を与えた。諸

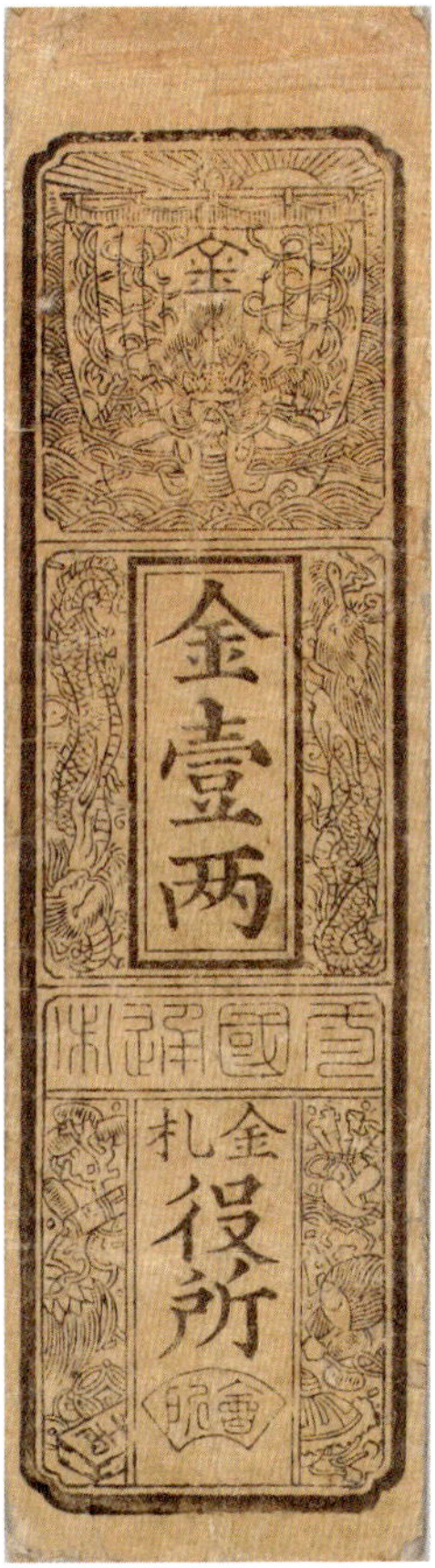

薩摩鹿児島藩札一両札■各藩で発行された藩札の一つである　日本銀行金融研究所貨幣博物館蔵

広沢真臣■長州（山口）藩の出身で、藩政の中心にあった。維新政府でも要職を歴任し、版籍奉還を推進するなど活躍するが、明治四年一月九日に暗殺されてしまった『近世名士写真其2』　国立国会図書館デジタルコレクション

藩は、支出項目に一定の枠を設けられ、政府への軍事費納入が義務づけられ、借金返済と藩札回収も命じられた。すでにみたように、各藩ともこの時期は借金と藩札発行によって、辛うじて財政を賄っていた状態である。そこにこうした規制が加えられれば、小手先の改革で乗り切ることは難しい。さらに、新たな軍事費の提供も重なったため、各藩は抜本的な財政改革を迫られることになった。

参議の広沢真臣は「藩制」制定後の九月二十八日、出身藩の山口藩首脳部に意見書を出して、次のように主張している。

> 府藩県は、政府の「手足」となって力を合わせ、府藩県一致の体制を作りあげなければならない。そのためには「藩制」に基づき、各藩とも封建の「旧習」を脱却し、有名無実とならないような藩政改革を実行すべきである。

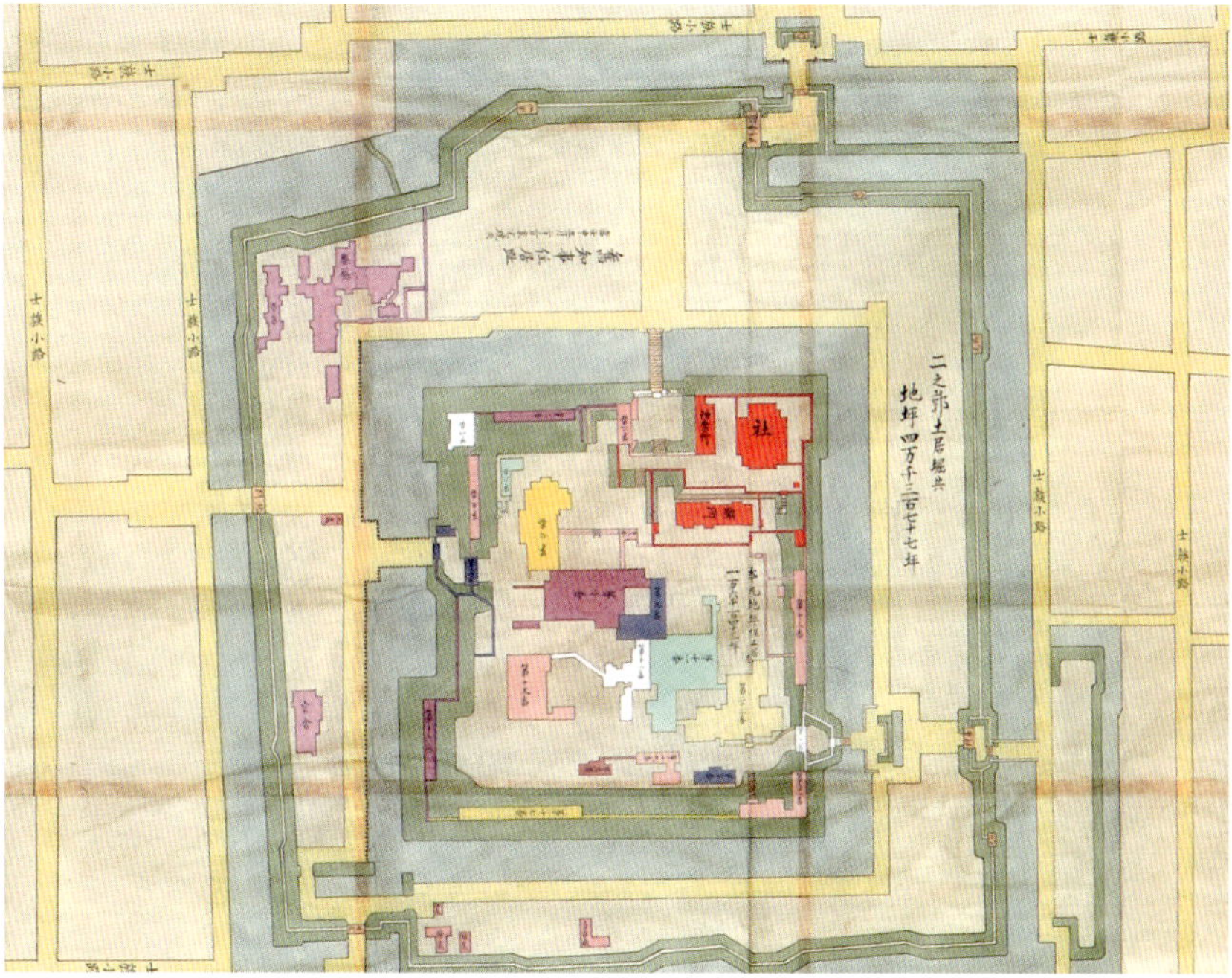

陸軍省城絵図に描かれた米沢城■明治５年の絵図で、もともと米沢藩の藩庁として使われていた米沢城の当時の様子がよくわかる　しろはく古地図と城の博物館富原文庫蔵

■ 藩統制の強化へ ■

「藩制」が制定された頃、中央集権に向けて、いくつかのプランが政府内で提起されている。それらの構想をみていこう。

まずは、大納言の岩倉具視が九月に作成した「建国策」である。「藩制」が藩の財政を主なテーマとしたことに対し、「建国策」は財政以外も対象として、府藩県三治体制の徹底を図ろうとしたものである。そこには、秩禄処分*の原型（士族解体の方向性）、士農工商への均一的な課税（農民負担の軽減）、士族の居住の自由など、のちの廃藩置県を契機として行われる、広範な社会改革の構想も含まれていた。そして、政府の指令による藩政改革の実施によって、府藩県の民政・司法・教育と藩の財政・兵制を中央官庁へ統一するなど、藩への統制強化の必要性を打ち出している。

なお、岩倉は参議たちの意見を聞きながら作成していた。意見を求められた大久保は、次のように岩倉に書き送っている。

「建国の体裁」を立てることは「大慶」である。「根本」が定まれば、「旧藩」（鹿児島藩）も必ず動かしやすくなり、公私とも「大幸」である。

大久保も鹿児島藩をはじめとする、諸藩への統制策の必要性を痛感していたのである。

＊秩禄処分■明治九年、明治政府が実施した秩禄給与の全廃政策。秩禄とは、華族や士族に与えられた家禄および維新功労者に対して与えられた賞典禄を合わせた呼称である。華族・士族には公債が支給された。政府としては、国家財政の圧迫の解消をはかる狙いがあった。華族・士族にとっては、官位を持たずとも与えられる家禄という既得権を失ってしまうことになる。

次に、参議の大隈重信が九月に提出した「全国一致の論議」である。版籍奉還により府藩県三治体制となったことから、各藩とも共同して「一致の政体」実現に尽力しなければならない。そのためには、兵制・民政・財政の三権を、政府が統一しなければならない。とくに財政の統一が重要であり、各藩とも行政整理や家禄削減により冗費を節約し、それを政府に供出する必要がある。

このように、大隈も統制強化による藩政改革を強調する。また、大蔵省も十二月に「画一の政体」樹立を求める建議書を提出し、次のように主張する。

府藩県三治体制となったが、いまだ兵制・教育・刑法・財政は統一されていない。そこで、政府の急務は率先して「三治一致」の政令を定め、各藩ともこれ

岩倉具視写真■大久保利通らとともに王政復古のクーデターを画策した人物。新政府では、参与・議定・大納言・右大臣などを歴任した。明治４年、特命全権大使として使節団（岩倉使節団）をともない、欧米を視察したことでよく知られる　出典：憲政五十年史：画譜　国立国会図書館デジタルコレクション

大阪造幣局開業式之写真■財政の面では貨幣の統一も重要であった。政府は貨幣の改鋳と統一のため、外国製の機械で貨幣を製造することを決定し、大阪の川崎に貨幣製造工場を建築した。明治三年十一月には、大阪に純西洋式の貨幣製造工場が完成し、明治四年二月に開業式が行われた　国立公文書館蔵

を遵守して国家を維持しなければならない。
さらに、民部省も翌四年一月、諸藩に対し府藩県三治を統一する「大令」を遵守させるよう、政府に求めている。

藩政改革の推進

「藩制」によって諸藩は、さらなる藩政改革（とくに財政改革）を強要されることになる。士族の家禄を削減する禄制改革は、より厳しいものとなった。そして、新たに藩の借金と藩札の処理を命じられたのである。そこで、知藩事のなかには、自らの家禄の一部を藩の経費へ充当することを願い出る者もあらわれている。そして、徹底的な藩政改革が進められると、一部の藩では士族の解体に結びつくような政策も登場した。それは、帰農法と禄券法である。

帰農法は、士族に荒地や山林原野を与えて開墾させ、農民にするという政策である。全藩の四分の一におよぶ藩で計画、あるいは実施された。多くの藩は強制ではなく、士族の自主性に任せたので、一部の帰農にとどまっている。帰農と引き換えに家禄を返上することから、族籍としての士族が残っても名目的で、実質的な解体にほかならない。諸藩が帰農法を計画するのは、大部分が「藩制」制定後であった。

禄券法は、家禄を削減したうえで、それに応じた禄券を与えて売買を認め、藩が

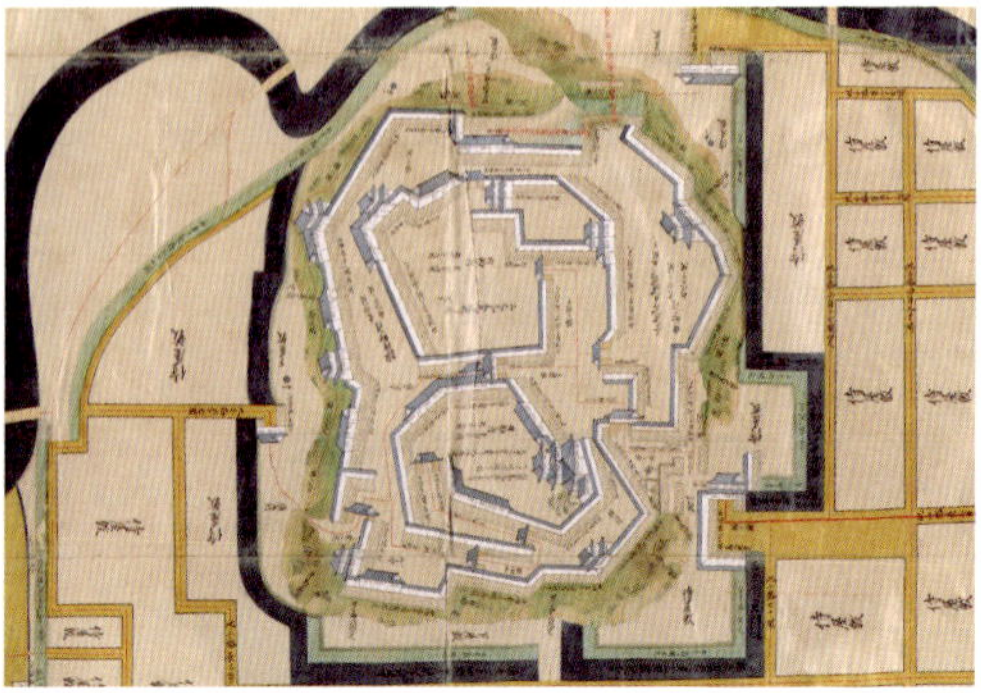

土佐国城絵図（正保城絵図）■土佐藩の藩庁が置かれた。現在も絵図に描かれているような、江戸時代の天守や本丸御殿がある　国立公文書館蔵

その禄券を買い上げる方法である。士族は禄券を売却することで、解体を余儀なくされた。のちの秩禄処分の原型である。「藩制」制定後の三年一一月、高知藩が初めて実施し、以後、山口・福井・米沢・彦根藩と続いて、廃藩置県を迎える。わずか五藩であるが、ここにも「藩制」の影響が見られる。

ところで、高知藩は禄券法以外にも、廃藩置県後の政策を先取りする方針を打ち出している。藩庁官員に士族のみならず平民からの登用、四民による徴兵制の採用、平民の身分制からの解放、士族平民の一般戸籍の作成など、四民平等に向けた政策である。そして、この改革をリードしたのが、大参事の板垣退助であった。

鹿児島藩の反発

こうした藩への統制強化による中央集権化政策にもっとも反発したのが、政府を支えていた鹿児島藩であった。すでに「藩制」が政府の集議院で審議されていた明治三年七月、鹿児島藩の集議院議員伊地知正治《いじちまさはる》は、不満のあまり会議をボイコットし、意見書を提出していた。そこで伊地知は、藩の軍事力温存（維持）を優先して、藩財政が逼迫しているときに、軍事費を政府へ上納することは、藩の常備兵を廃止しなければ不可能であり「不相当」である、と述べている。

また、同じ七月には鹿児島藩士族横山安武《よこやまやすたけ》（森有礼《もりありのり》の実兄）が、集議院に意見書

板垣退助■高知藩主・山内豊信の側用人などを務め、維新後は高知藩の大参事となった。自由民権運動の主導者として知られる。写真は晩年のころのものである　『近世名士写真其2』　国立国会図書館デジタルコレクション

横山安武の墓■江戸時代の島津家の墓所である大円寺にある。自殺した際の安武は28歳という若さで、新政府を批判しながら命を絶った　東京都杉並区

を提出して自殺する事件が起きている。横山は、政府のモラル低下を厳しく批判するとともに、藩統制の強化策も次のように問題視する。

> 府藩県三治体制のもとでは、藩は政府の「大綱」にしたがって、藩政を進めることは当然である。しかし、政府はあくまで「大綱」を指示するのであって、藩内部の細かいことまで干渉する必要はない。

府藩県三治体制の完成をめざす藩への統制強化は、鹿児島藩にとって受け入れることは難しかったのである。具体的な反政府行動は、三年九月に鹿児島藩が東京常備兵を退去させる、ということにあらわれた、東京（皇居）守衛の常備兵は、鹿児島・山口・高知・佐賀四藩の兵で構成され、六ヵ月交替とされていた。九月は交替時期であったが、鹿児島藩は交替の兵が着く前に帰藩させ、以後の提供を拒否したのである。

この退去問題は、鹿児島藩がクーデターを起こすのではないか、というデマを広

伊地治正治写真■東山道先鋒総督参謀に任命され、江戸攻撃の指揮を務めたことで知られる。その後、鹿児島藩権大参事・左院議官・教部省御用掛・左院議長・参議・修史館総裁・宮内省御用掛・宮中顧問官などを歴任した　国立国会図書館デジタルコレクション

めることになった。高知藩の佐佐木高行は、ある高知人の情報として九月末の日記に次のように書いている。

鹿児島では政府への不満が高まっている。西郷隆盛が「大兵」を率いて「近日」東京に上り、政府を「一洗」するという「大変事」が起こりそうである。

岩倉具視もこうしたデマを懸念して、十月十日に大久保を訪ねている。大久保は岩倉に、鹿児島が「大兵」をあげて朝廷を「一変」するなどというのは、「煽動説」であると否定する。そして、あなたが心配しているのは、目前の「小混雑小物議」にすぎない。広く天下に目をやって、朝廷の「趣旨」を一貫して「大変革」を成し遂げなければならないと訴えたのである。

■相次ぐ廃藩建白■

府藩県三治体制の徹底が企てられていた時期、鹿児島藩や山口藩以外の有力藩から、全般的な廃藩の建白や単独廃藩である知藩事の辞職願いなどが出されてくる。それは、鳥取・徳島・熊本・名古屋藩などの大藩である。

鳥取藩（三二万石）は明治三年十二月、知藩事池田慶徳が府藩県三治体制を改めて、すべての藩を廃し、大藩はそのままで小藩は二〜三藩を合併する、という廃藩置県を建議する。軍事権の一元化、知藩事家禄の大蔵省への収納、知藩事の東京移住な

（右ページ）皇城二重橋■明治時代の写真で、当時の皇居の様子が写されている　『敷島美観』　個人蔵

旧因州池田屋敷表門■江戸時代末期のものとされる因州（鳥取）藩池田家江戸屋敷の表門。通称、黒門といわれる。もともとは丸の内大路小路（現在の丸の内三丁目）に建てられていた　東京都台東区

どを内容とする。

徳島藩（二五万七〇〇〇石）は翌四年一月、知藩事蜂《はち》須《す》賀《か》茂韶《もちあき》が「断然」藩の名を廃して二県から五県に区分する、という廃藩置県を建議する。廃藩後は知藩事を「知州事」として国政に参与させ、大参事を「知県事」（地方官）に任じ、軍事権を中央に一元化させる、という内容である。廃藩要求だが、知藩事の国政参加を期待するものでもある。

熊本藩（五四万石）は四年三月、知藩事細川護久《ほそかわもりひさ》が人材登用の必要性から、各藩の知藩事が門閥層から任じられていることを問題とし、率先して辞職するので「賢才」を抜擢してほしい、という辞職願いを提出する。全般的な廃藩論ではないが、廃藩は知藩事の罷免であるので、単独廃藩論である。

名古屋藩（五六万石）は四年五月、知藩事徳川慶勝《よしかつ》が政治の統一化を図るため五つの策を建議し、そのなかに州制度の導入をあげている。藩の存在が民政を「多途」にしているととらえ、州制によって統一を意図するものであった。これも直接の廃藩論ではないが、現実の府藩県三治体制の改編要求である。

明治四年初め、廃藩断行から改編までと開きはあるが、大藩のなかから政府の進めている府藩県三治体制の徹底ではなく、その変更が求められ始めたのである。維新政府はどのように対応したのであろうか。

蜂須賀茂韶■明治元年に徳島藩主となる。のちに、元老院議官・東京府知事・貴族院議長・文相・枢密顧問官などを歴任した。また、華族の資産を有効に活用するため、北海道で農場を経営したり、多方面で活躍した　『近世名士写真其2』国立国会図書館デジタルコレクション

藩体制解体の志向

廃藩論が現実に提起された頃、藩体制の解体を志向する藩の連携がみられている。高知藩を中心として、熊本・徳島・彦根・福井・米沢藩の六藩である。この六藩は、藩体制の解体に連なる主張や政策を行っていた、という共通点がある。廃藩建白の徳島藩、知藩事辞職願いの熊本藩、禄券法採用の高知・福井・米沢・彦根藩である。六藩連携に向けて動いたのが、米沢藩士*宮島誠一郎《みやじませいいちろう》である。宮島のセッティングで明治四年四月、六藩の指導者が初めて一同に会した。議題は藩政改革の「模範」を立てることである、と宮島は日記に記している。会合はその後も定期的に開かれ、そのなかで鹿児島藩の割拠主義に対する批判が出されてくる。

そして、五月には今後の方針として、「議院」（諸藩会議）の開設を確認している。「議院」開設は、諸藩の国政参加要求だが、鹿児島藩の勢力を抑制する意図もあった。「議院」が開設されれば、鹿児島藩は「私論」を主張できないだろう、と高知藩の板垣退助は述べている。

このように六藩の連携はみられたが、意見書の提出というところまでは進んでいない。これに対して前述の知藩事は、維新政府に現状変革を求める建白を出していた。この要求にすばやく反応したのが岩倉具視である。岩倉は四年四月、「大藩同心意見書」を作成する。趣旨は次のようなものである。

＊宮島誠一郎■幕末には奥羽列藩同盟の交渉で中心的な役割を果たしたことで知られる。維新後は、憲法制定や議会開設をいち早く訴えた。また、戊辰戦争で賊軍となった米沢藩の復権にも力を尽くした。

彦根城跡■彦根藩の役所が置かれた。天守のほか、天秤櫓や太鼓門櫓など多くの遺構が現存する　滋賀県彦根市

まず、政府は全国一致体制を実現する責任があり、各藩は政府の方針に従い実績をあげる義務がある、と府藩県三治体制の徹底による中央集権化の必要性をあげる。そして、藩名を廃して州・郡・県とするが、そこには一部の廃藩をふくむ構想がみられる。すなわち、大藩を州に中藩を郡とし、小藩のなかで二万石以上を県とし、それ以下を統廃合するというように、大藩と中藩をそのままとし、極小藩を対象とする部分的な廃藩論となっている。

小藩の自主的な廃藩がみられるなか、大藩による府藩県三治体制の変更要求に対し、岩倉は大藩優遇策をもって応えたのである。四年四月の時点で、府藩県三治体制を根本的に変更する意図は、岩倉にはみられない。大久保や木戸も同じであった。したがって、鳥取藩らの建白は受理されなかったのである。それならば、岩倉・大久保・木戸らは、どのような方策で府藩県三治体制の徹底を考えていたのだろうか。

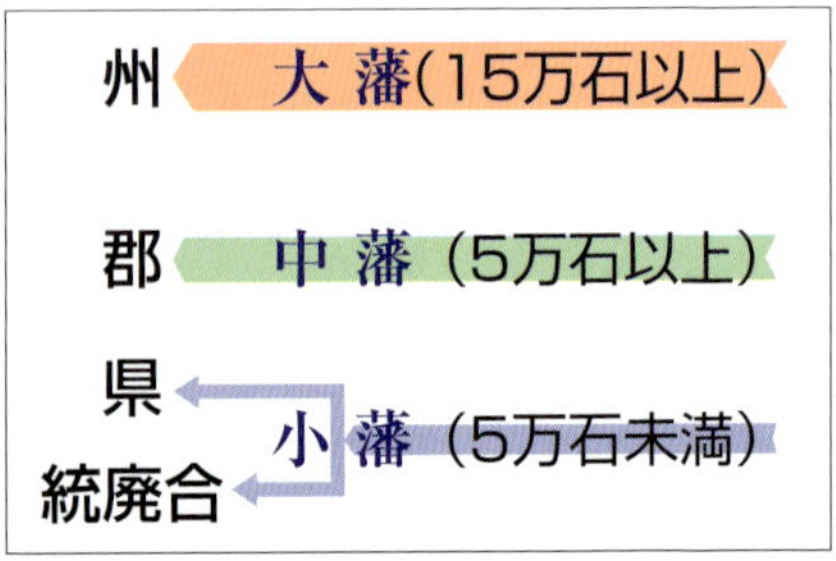

図4　大藩同心意見書の計画

第二章　強力な政府への試み

■鹿児島・山口・高知三藩の提携■

府藩県三治体制の徹底方針を強力に進められるか否かは、主体である中央政府の力量にかかってきた。大久保はすでに明治二年から、鹿児島・山口両藩に依拠する政府強化策を主張していた。明治三年に入ると、高知藩知事＊山内豊範《やまうちとよのり》は今後の政治運営方針について、鹿児島藩に対し、鹿児島・山口・高知三藩が「輔翼」して中央政府を強化し、その力で「大国強藩」といえども従わせなければならない、と提起する。

三藩提携策が高知藩から唱えられたのだが、まずは鹿児島・山口両藩の提携が図られる。明治三年十一月、大納言の岩倉具視は、大久保に両藩が朝廷に立って「同心合力」すれば、「内国一致」できるとして、自ら鹿児島と山口に赴くと申し出る。木戸も山口藩は鹿児島藩とともに「奉公」するつもりである、と大久保に手紙を書いている。両藩の力に依拠して政府を強化する方策が決定された。

この方針により、岩倉が勅使として三年十二月、鹿児島・山口に派遣される（大

＊山内豊範■土佐藩最後の藩主。版籍奉還後に知藩事となった後は、「人民平均の理」という身分制度の廃止という政策を打ち出すも、政府からあまりに急進的すぎると中止を指示された。そのほか、病院の設立や財政の改革にも取り組んだことで知られる。

久保が鹿児島、木戸が山口にそれぞれ同行)。岩倉に与えられた勅書には、鹿児島藩の島津久光と山口藩の毛利敬親を「大政」に参加させ、両藩が諸藩の「標準」となるようにせよ、と書かれていた。島津と毛利を政府の最高首脳部(岩倉と同じ大納言)に迎え入れ、鹿児島藩と山口藩を政府に協力させる体制を作ろうというのである。

岩倉一行は十二月十八日に鹿児島に到着し、病気療養中の島津久光の代理として知藩事島津忠義に、政府への協力を求める勅書を与える。鹿児島藩大参事の西郷隆盛は大久保に協力を約束し、島津久光も自ら岩倉を訪ねて同意する。そして、西郷は鹿児島と山口のみならず、高知をも加えた三藩提携を打ち出す。

鹿児島藩の協力を実現した岩倉一行は、西郷も加えて鹿児島から山口に向かう。翌四年一月に山口に着いた岩倉は、毛利敬親と会って同意を得る。そして、西郷と大久保が木戸に三藩提携策を申し出ると、木戸も同意する。任務を終えた岩倉は、帰京の途につくにあたって、三条実美に次のような手紙を書いている。

鹿児島・山口両藩は、一藩をなげうって「勉励」することに同意した。これによって「御一新の儀」がようやく「成功」し、朝廷にとって「恐賀」すべきである。今まで政府は「空権」を握っていたのも同然であったが、高知藩も加えた三藩が「合力」すれば、「十分」の権力が備わることになる。

岩倉も三藩提携策に期待を寄せていたのである。岩倉と別れて大久保・西郷・木戸は高知に向かい、大参事の板垣退助に三藩提携策の必要性を説き、知藩事の山内

豊範の同意を得る。ここに、三藩提携の合意が成立した。明治四年一月下旬のことであった。三藩提携による政府強化→府藩県三治体制の徹底→中央集権の実現、というのがこのときに想定されていたコースであった。

御親兵が創設される

三藩提携策によってまず実現したのが、政府直轄軍・御親兵《ごしんぺい》の創設である。御親兵創設を提起したのは、西郷隆盛である。西郷は、鹿児島で岩倉や大久保に三藩提携論とともに、御親兵構想を打ち出していた。西郷は次のように言う。

政府は「空名」であり、諸藩が「兵威」をもって動かしている「大害」がある。こうした政府の弱体化が、府藩県三治体制の徹底にとって障害となっている。これを打破するためには、大藩の献兵による政府直轄軍である御親兵が必要となる。政府に従わない藩には、御親兵をもって「征伐」する。

つまり、政府強化策としての御親兵創設である。と同時に、鹿児島藩内の事情もあった。膨大な常備軍の維持が藩の負担となっており、献兵により負担を政府に肩代わりさせ、親兵化することで士族身分を保障できる、と西郷は考えたのである。

御親兵創設は、岩倉一行が東京に戻ってから着手された。明治四年二月、岩倉・大久保・西郷・木戸・板垣らが集まって創設を決定し、鹿児島・山口・高知三藩に

（右ページ）鹿児島城下絵図屏風（模本）■幕末期の鹿児島城下を一望できる。鹿児島城のみならず、家臣の屋敷名や寺社などが描かれ、当時の様子をよく伝える　鹿児島県歴史資料センター黎明館蔵

旧江戸城■明治時代に写された江戸城。写真右奥には、江戸の街もみてとれる　『敷島美観』　個人蔵

対し、精選して藩兵をさし出せと命令が出された。三条実美は大久保に宛てた手紙で、兵隊「抜擢」のことは国家のために「幸甚」であり、「中興」の事業を「賛成（助成）」することを望む、と御親兵に期待している。

西郷は鹿児島に帰って出兵準備を進め、四月中旬には三藩では最大の兵が東京に集まる。ついで、高知藩が五月から六月にかけて藩兵を東京に集結させ、山口藩がもっとも遅れたが六月末には東京に着いた。三藩による御親兵は、計画では総数八〇〇〇名とされたが、実数は六二〇〇余名であった。御親兵創設による政府強化は、西郷の尽力で実現した。

御親兵は、歩兵・砲兵・騎兵から構成され、六二〇〇余名という兵力は必ずしも絶大ではないが、当時では最強の軍隊であった。兵力はともかく、大きな藩力を有する鹿児島・山口・高知三藩の結束が、最大の武器（威圧力）となった。

藩力動員による軍事力強化は、御親兵以外にもみられる。御親兵創設後の四月、東西の要地に治安維持を目的

江戸城図■江戸城の構造や周辺の屋敷の配置などを描いている。御親兵は皇居周辺の警護という役割も担った　国立国会図書館蔵

として鎮台を設置する。東山道鎮台《とうさんどう》（本営石巻《いしのまき》）と西海道鎮台《さいかいどう》（本営小倉《こくら》）であり、東には御親兵の一部が派遣されたが、西には熊本・佐賀・豊津三藩に出兵命令が出されている。

混迷する政府強化策

これまでみてきたように、維新政府は有力藩の藩力に依拠して自らを強化し、諸藩に対する統制を徹底する方策を採ってきた。御親兵の創設によって、軍事力による政府強化は実現した。だが、軍事力以外には、どのようにして強力政府を築こうとしたのであろうか。

岩倉具視が考えていた方策は、大藩への国事諮問、すなわち大藩の国政参加による政府強化である。明治三年十一月に岩倉は、大久保に対し、鹿児島・山口以外にも名古屋・福井・佐賀・高知にも国事を諮問して、政令を出すならば「憂うる所」はない、と提言した。鹿児島・山口両藩を含む六藩による政府強化策であり、以後、大藩会議の準備に取り掛かり、前述の「大藩同心意見書」を作成したのである。

明治四年七月四日、山口藩知事毛利元徳《もとのり》・鹿児島藩知事島津忠義・高知藩知事山内豊範・名古屋藩知事徳川慶勝・元福井藩主松平慶永《よしなが》の五名に、国事を「諮詢《しじゅん》」するので「忌憚《きたん》」なく建言するように、という命が出される。五藩に依拠して諸藩

毛利元徳肖像■毛利敬親の跡を継ぎ、長州藩最後の藩主となった。就任後まもなく山口藩の知藩事になったが、廃藩置県にともない免官となり、東京に移ったE.キヨッソーネ筆　山口県立山口博物館蔵

大久保利通■明治維新の指導的政治家。公武合体運動・王政復古・版籍奉還・廃藩置県など重要な政策に関わり、新政府の基礎を固めた。その後も地租改正や殖産興業を推進するも、明治11年、士族に東京紀尾井町で暗殺されてしまった　『近世名士写真其1』　国立国会図書館デジタルコレクション

への統制強化を進め、中央集権化を図る体制である。しかし、諮詢する前に廃藩置県となっている。

岩倉が大藩動員の問題に尽力していた時期、大久保は政府強化策として、政府組織の改革問題に取り組んでいた。大久保が提案し、四年五月初めに内定した改革案は、大納言を廃止して左・右大臣とともに准大臣を置き、参議を廃止して、その職務を各省長官が担当する、というものである。つまり、左・右大臣のもとですべての行政を、大政に参画する各省長官が統一的に実施するという、行政権を中核とする強力政府構想である。

この改革案に、猛烈に反対したのが木戸である（木戸は内定時には山口へ帰省中）。木戸は、大納言と参議を廃止し、各省長官がそれに代わることを問題とした。これでは、各省が割拠して政府の一体性が保てないと批判する。木戸は、大納言と参議を一体にして立法官《りっぽうかん》（「上院」）として、各省とともに政治を行うようにすべきだと

浮世絵に描かれた徳川慶勝■徳川慶喜に辞官納地を通告したり、鳥羽・伏見の戦いで慶喜が大坂城から出ると、新政府を代表して城を受け取るなど要所で重要な役目を担った。書画・博物学・文芸にも造詣が深く、とりわけ西洋から伝わったばかりの写真術に注目し、多くの写真を遺したことで有名である　個人蔵

主張する。大久保の行政権優位に対し、立法権と行政権の両立を図るものである。

大久保と木戸の対立で、内定していた政府組織改革問題は一歩も進まなかった。一方、西郷隆盛は人事による政府強化策を考えていた。西郷は、木戸を単独の参議とし、政府の根本を一つにすべきだと主張する。この意図について西郷は、鹿児島の桂久武*に次のように説明している。

三藩が集まっただけでは駄目で、根元を堅くしなければ政府強化にならない。そこで、三藩のなかから「主宰」を一人とし、他はこの「手足」となることが必要である。

西郷の提案に対し木戸は固辞したが、西郷とともに参議ならばと受け入れる。これまでの参議と各省首脳部が一斉罷免となり、西郷と木戸が参議となったのは六月二十五日であった。西郷は参議受諾の理由について、政府内は議論が沸騰して「崩れ立つ」勢いとなり、とても変革を行える状態でないことから承諾した、と鹿児島に報告している。

木戸孝允■明治維新後の風貌を伝える。大久保利通とは対立と提携を繰り返しながらも、互いに日本の近代化のため奔走した『近世名士写真其1』国立国会図書館デジタルコレクション

＊桂久武■薩摩藩士。薩長同盟に力を尽くしたことで、西郷隆盛の信頼を得た。明治三年、西郷とともに鹿児島藩権大参事となって藩政を引っ張る立場となる。西郷との関係もあり、西南戦争では西郷側に参軍し、流れ弾にあたり、戦死した。

松平慶永■号は春嶽。福井藩主として藩政改革にあたるも、将軍継嗣問題で一橋慶喜を推したことから、隠居謹慎処分となる。維新後は、議定・内国事務総督・民部卿・大蔵卿などを歴任した『近世名士写真其1』国立国会図書館デジタルコレクション

第三章 藩の消滅と明治国家の誕生

廃藩論が提起される

新たな西郷・木戸体制のもとで急を要する課題は、各省首脳部の人事と政府組織改革であった。そして、両方の課題で大久保と木戸が再び対立し、政府は混迷状態となる。大久保は参議でなくなったため、人事問題に関与できなくなっていた。大久保が参画しない場で内定した人事（兵部省次官板垣退助、文部省次官大木《おおき》喬任《たかとう》）に大久保は猛烈に反発する（最終的には大久保の要望が取り入れられる）。

政府組織の問題では、木戸の主張で七月五日から制度取調会議が開かれている。西郷・木戸が議長となり、大久保らが取調委員となった。しかし、会議を開いても議論が百出し、何らの結論も得られなかった。九日には欠席が多く中止となり、十日には議長の木戸が数日間の欠席届を出すほどであった。

人事問題と政府組織問題、とりわけ後者のせいで、六月末から七月初めにかけ、政府内部の混迷は深刻化した。政府強化を意図した三藩提携論は、機能不全に陥り、政府の一体性を維持することすら困難となった。

大木喬任■佐賀藩出身。東京奠都に尽力した。東京府知事・民部卿・文部卿など要職を歴任し、その後、民法編纂総裁として法典編纂をしたことで知られる『近世名士写真其1』国立国会図書館デジタルコレクション

こうしたなかで七月初め、突如として廃藩論が政府内部に提起される。言い出したのは、山口藩の＊鳥尾小弥太《とりおこやた》と野村靖《のむらやすし》である。両名とも軍制改革を通して、廃藩による軍制統一を求めていた。七月四日、鳥尾と野村は同じ山口藩出身で、政府の兵部省で軍政を担当している山県有朋《やまがたありとも》を訪ね、「郡県の制」（廃藩）実施を訴えた。山県は即座に同意し、参議の木戸と西郷の同意を得るための行動を起こす。ここに、廃藩へと急展開することになる。なぜ、鳥尾と野村が発端となったのであろうか。残念ながら、両名とも意図を記したものを残していない。

思うに両名の行動は、政治の停滞がもたらしたものだろう。三藩提携論による政府強化はなされたのに、鹿児島・山口両藩の指導者間の駆け引きにより、中央集権化策は何も打ち出されていなかった。軍制統一のための中央集権を痛感しながらも、政策決定に関与できないのが鳥尾や野村であった。難航した人事問題も彼らにとっては、ポスト争いにすぎないとみえたのだろう。そこで、政府首

野村靖写真■長州藩の下級武士の家に生まれる。廃藩置県で活躍したのちは、岩倉使節団の一員として渡欧したり、第２次伊藤内閣で内務大臣を務めたり、要職を担った。写真は藩士時代のもの　山口県文書館蔵

＊鳥尾小弥太■長州藩出身。戊辰戦争で鳥羽・伏見をはじめ、各地を転戦した。維新後は、軍政面で力を発揮し、兵部省に出仕した。廃藩置県後は、政治的な立場の違いから陸軍内で山県有朋と対立することになる。

山県有朋■軍政で手腕を振るい、とくに陸軍の基礎を固めた。廃藩置県実施とともに兵部大輔に昇進した。その後、内閣総理大臣を二度務めたことでも知られる　『近世名士写真其1』　国立国会図書館デジタルコレクション

脳部でもっとも話しやすく、軍政担当者である山県への直接行動となったのである。

■飛躍としての廃藩へ■

七月五日、鳥尾と野村は山口藩出身で大蔵省の井上馨《いのうえかおる》を訪ねて廃藩論を提起すると、井上も躊躇《ちゅうちょ》なく同意した。井上も財政統一の必要性から、廃藩を望んでいたのである。そして、井上が翌六日に参議の木戸に廃藩論を告げる。木戸も同意し、ここに山口藩は廃藩でまとまった。しかし、鹿児島藩の合意を得なければ、廃藩は無理である。

木戸が同意した七月六日、山県が西郷隆盛を訪ねる。山県は、これまでの政治を続けることは難しいので、廃藩に着手してはどうかと切り出した。西郷は、間髪を入れず「夫《そ》れは宜《よろ》しかろう」と言う。山県はさらに、重大な問題であり「血が出まする」ので、覚悟しなければならないと畳みかける。すると、西郷は「吾輩《わがはい》の方は宜しい」と答える。西郷も即座に同意しているのである。なぜなのか。

中央集権化のために三藩提携論を提起したのは、西郷であった。そして、その実現の責任を担う立場（参議）に西郷はいる。しかし、展望は持てなくなっていた。そして、大藩のなかから、廃藩への動きもあらわれていた。こうした状況下で西郷は、中央集権を実現するためには、廃藩という飛躍した手段を取らざるをえなくなっ

下ノ関■明治時代の頃の写真。山口藩が治めていた当時の下関の様子を写している『敷島美観』個人蔵

たのである。

西郷は山県の提案を受けて同意すると、すぐに大久保に伝えている。大久保も七月上旬の事態をきわめて危機的にとらえ、同意する。大久保は、七月三日の岩倉宛ての手紙で、今日の姿では「奮発」する気力も無くなったと訴えていた。そして、七月十二日の岩倉宛ての手紙で、廃藩決意の理由を、このまま「区々」と過ぎていれば、測り知れない「事態に陥りたる」ことが「顕然」となったので、「心決」したと述べている。

府藩県三治体制の徹底による中央集権化策の限界が明らかとなったとき、一大飛躍としての廃藩断行が浮上したのである。大久保には、廃藩という大問題の提起に

井上馨写真■参与・大蔵大輔として、秩禄処分や地租改正を推進した人物。その後も農商務大臣や内務大臣などを歴任した。写真は藩士のときのものである　山口県立山口博物館蔵

仙巌園■島津家の別邸。桜島を築山に、錦江湾を池に見立てた壮大な景観を見ることができる。島津家の当主をはじめ、薩摩の人びとを魅了した　鹿児島市

西郷隆盛画像■西南戦争のときの西郷を描いたとされる　当社蔵

よって、政府組織問題での対立による混乱から政府の統一を図る、という政略もあった。大久保は七月十二日の日記に、「今日のままにして瓦解《がかい》せんよりは、寧《むし》ろ大英断に出て瓦解いたしたらん」と書いている。そして、廃藩へジャンプできたのは、西郷の決断であった。筆者は廃藩置県の立役者としては、木戸や大久保よりも西郷を重視する。

■鹿児島・山口藩のみの断行■

七月九日、鹿児島・山口両藩のみの秘密会議が木戸邸で開かれた。出席者は、鹿児島藩から西郷隆盛・大久保利通・西郷従道《つぐみち》・*大山巌《おおやまいわお》の四名、山口藩から木戸孝允・山県有朋・井上馨の三名、計七名である（参議は西郷と木戸のみ）。ここに廃藩の断行が決定された。以後は、木戸・西郷・大久保の三名だけで次のように日程を決め

三条実美■幕末・明治期の公卿。新政府では議定・副総裁・右大臣・修史局総裁などを歴任した。廃藩置県後も太政大臣に就任するなど要職を務め続けた『近世名士写真其1』　国立国会図書館デジタルコレクション

*大山巌■薩摩藩出身。維新後は陸軍の建設に尽力し、山県有朋に並ぶ人物として陸軍卿を務めた。その後も陸軍大臣を六代連続で担うなど、活躍した。

る。十日に廃藩の発令日を十四日とし、十二日に大綱を定めて、右大臣の三条実美に廃藩の断行を告げ、天皇に上奏して裁可を得るよう願い、大納言の岩倉具視にも通告する。

このように、廃藩置県は鹿児島・山口藩だけ（なかでも木戸・西郷・大久保の三者）で極秘に決定されたのである。政府最高首脳部の三条や岩倉は蚊帳《かや》の外であり、高知藩をはじめとする他の諸藩もまったく関与していない。西郷は廃藩発令前日の十三日、弟の従道邸に泊まっている。十三日は、鹿児島藩知事島津忠義に十四日招集令が出される日である。島津に十四日は何の用かと尋ねられると、廃藩がばれてしまうので西郷は雲隠れしたのである。トップである知藩事にも秘密にしていた。

七月十四日、皇居に在京中の知藩事を集めて、天皇臨席のもと右大臣三条実美が、廃藩置県の詔書を読み上げる。詔書には「はしがき」で引用したように、国内的には「億兆を保安」し、対外的には「万国と対峙」するため、「藩を廃し県と為す」とある。廃藩置県は、万国対峙に向けて断行されたのである。藩をそのまま県として三府三〇二県となり、十一月には三府七二県に統廃合された。

■ 明治国家が誕生する ■

廃藩置県決定の秘密会議に参加した井上馨は、回顧談で次のように語っている。

西郷従道■兄は隆盛。新政府では、陸軍中将として台湾出兵を指揮した。西南戦争では隆盛につかず、政府に残った。その後は海軍の整備や改革に尽力した『近代名士写真其2』国立国会図書館デジタルコレクション

藩から府県への統廃合

『週刊新発見！日本の歴史 37 近代2 維新政府文明国への道』（朝日新聞出版、2014 年）
16・17 頁掲載図をもとに作成した
〈廃藩置県前の藩→1871 年7月時点での行政区分→**ほぼ現在の形**〉

- 弘前藩→弘前県
- 七戸藩→七戸県
- 八戸藩→八戸県
- 黒石藩→黒石県
- 斗南藩→斗南県

→**青森県**

- 松前藩→弘前県→**北海道庁**

- 一関藩→一関県
- 盛岡藩→盛岡県

→**岩手県**

- 二本松藩→二本松県
- 磐城平藩→磐城平県
- 湯長谷藩→湯長谷県
- 泉藩→泉県
- 三春藩→三春県
- 白河藩（棚倉藩）→棚倉県
- 中村藩→中村県

→**福島県**

- 仙台藩→仙台県→**宮城県**

- 多古藩→多古県
- 小見川藩→小見川県
- 高岡藩→高岡県
- 高徳藩→曽我野県
- 佐倉藩→佐倉県
- 関宿藩→関宿県
- 生実藩→生実県
- 浜松藩→鶴舞県
- 掛川藩→松尾県
- 相良藩→小久保県
- 小島藩→桜井県
- 沼津藩→菊間県
- 田中藩→長尾県
- 横須賀藩→花房県
- 鶴牧藩→鶴牧県
- 大多喜藩→大多喜県
- 久留里藩→久留里県
- 佐貫藩→佐貫県
- 一宮藩→一宮県
- 館山藩→館山県
- 勝山藩→加知山県
- 飯野藩→飯野県

→**千葉県**

- 喜連川藩→日光県
- 壬生藩→壬生県
- 佐野藩→佐野県
- 足利藩→足利県
- 吹上藩→吹上県
- 谷田部藩→茂木県
- 宇都宮藩→宇都宮県
- 烏山藩→烏山県
- 黒羽藩→黒羽県
- 大田原藩→大田原県

→**栃木県**

内務省から小笠原諸島移管（1880 年 10 月）
↓
- 江戸府→東京府→**東京府**

↑
伊豆七島を東京府へ（1878 年 1 月）
↑
- 府中藩→静岡県
- 堀江藩→堀江県

→**静岡県**

- 宍戸藩→宍戸県
- 水戸藩→水戸県
- 笠間藩→笠間県
- 下館藩→下館県
- 下妻藩→下妻県
- 松岡藩→松岡県
- 土浦藩→土浦県
- 府中藩→石岡県
- 志筑藩→志筑県
- 牛久藩→牛久県
- 麻生藩→麻生県
- 龍崎藩→龍崎県
- 松川藩→松川県
- 古河藩→古河県
- 結城藩→結城県

→**茨城県**

- 金沢藩→金沢県
- 小田原藩→小田原県
- 荻野山中藩→荻野山中県

→**神奈川県**

- 川越藩→川越県
- 忍藩→忍県
- 岩槻藩→岩槻県

→**埼玉県**

鯖江藩→鯖江県
小浜藩、敦賀藩→小浜県
勝山藩→勝山県
福井藩→福井県
丸岡藩→丸岡県
大野藩→大野県
→**福井県**

大垣藩→大垣県
大垣新田藩→野村県
加納藩→加納県
郡上藩（八幡藩）→郡上県
高富藩→高富県
今尾藩→今尾県
岩村藩→岩村県
苗木藩→苗木県
→**岐阜県**

高須藩、尾張藩（名古屋藩）→名古屋県
犬山藩→犬山県
福島藩→重原県
岡部藩→半原県
吉田藩→豊橋県
岡崎藩→岡崎県
西大平藩→西大平県
刈谷藩→刈谷県
西端藩→西端県
西尾藩→西尾県
挙母藩→挙母県
田原藩→田原県
→**愛知県**

米沢新田藩、米沢藩→米沢県
上山藩→上山県
新庄藩→新庄県
天童藩→天童県
松山藩→松嶺県
庄内藩→大泉県
→**山形県**

新発田藩→新発田県
黒川藩→黒川県
三日市藩→三日市県
村松藩→村松県
三根山藩→峰岡県
村上藩→村上県
長岡藩→柏崎県
椎谷藩→椎谷県
高田藩→高田県
糸魚川藩→清崎県
与板藩→与板県
→**新潟県**

金沢藩→金沢県
大聖寺藩→大聖寺県
→**石川県**

富山藩→富山県→**富山県**

府中県、市川県、石和県→甲府県→**山梨県**

久保田藩→秋田県
秋田新田藩→岩崎県
本荘藩→本荘県
矢島藩→矢島県
亀田藩→亀田県
→**秋田県**

吉井藩、岩鼻藩→岩鼻県
館林藩→館林県
前橋藩→前橋県
安中藩→安中県
沼田藩→沼田県
高崎藩→高崎県
七日市藩→七日市県
伊勢崎藩→伊勢崎県
→**群馬県**

飯山藩→飯山県
須坂藩→須坂県
松代藩→松代県
上田藩→上田県
小諸藩→小諸県
岩村田藩→岩村田県
田野口藩→伊那県／長野県
松本藩→松本県
高島藩→高島県
高遠藩→高遠県
飯田藩→飯田県
→**長野県**

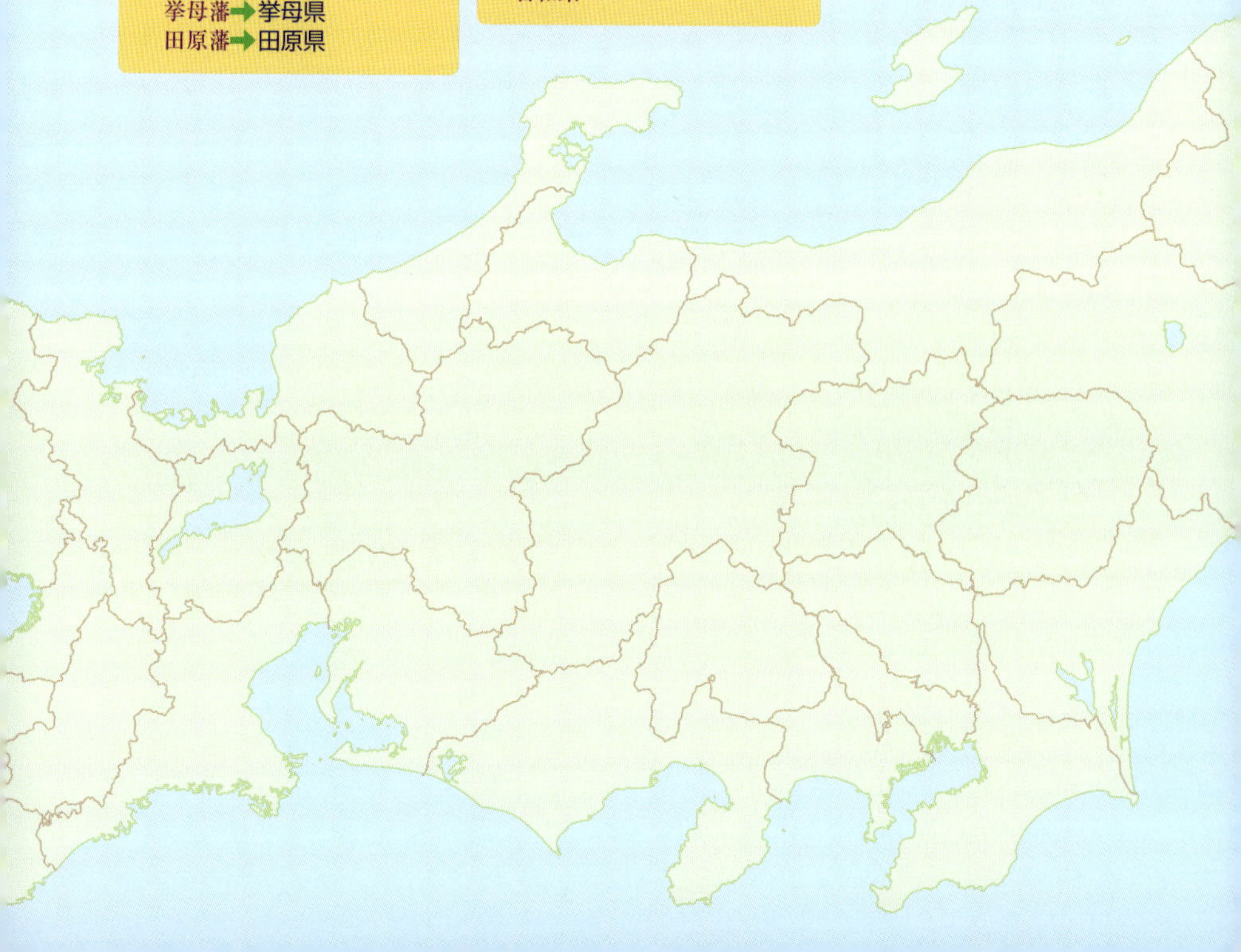

尼崎藩→尼崎県
三田藩→三田県
篠山藩→篠山県
柏原藩→柏原県
出石藩→出石県
豊岡藩→豊岡県
村岡藩→村岡県
姫路藩→姫路県
明石藩→明石県
龍野藩→龍野県
林田藩→林田県
赤穂藩→赤穂県
山崎藩→山崎県
安志藩→安志県
三日月藩→三日月県
三草藩→三草県
小野藩→小野県
→**兵庫県**

淀藩→淀県
亀山藩→亀岡県
園部藩→園部県
綾部藩→綾部県
山家藩→山家県
福知山藩→福知山県
宮津藩→宮津県
田辺藩→舞鶴県
峰山藩→峰山県
→**京都府**

大溝藩→大津県
膳所藩→膳所県
水口藩→水口県
西大路藩（仁正寺藩）→西大路県
山上藩→山上県
彦根藩→彦根県
宮川藩→宮川県
山形藩→朝日山県
→**滋賀県**

郡山藩→郡山県
小泉藩→小泉県
柳生藩→柳生県
田原本藩→田原本県
高取藩→高取県
柳本藩→柳本県
芝村藩→芝村県
櫛羅藩→櫛羅県
→**奈良県**

桑名藩→桑名県
長島藩→長島県
菰野藩→菰野県
神戸藩→神戸県
亀山藩→亀山県
津藩→津県
久居藩→久居県
鳥羽藩→鳥羽県
→**三重県**

高松藩→高松県
丸亀藩→丸亀県
→名東県を経て**香川県再置**

広島藩→広島県
福山藩→福山県
→**広島県**

徳島藩→徳島県→名東県を経て**徳島県再置**

高槻藩→高槻県
麻田藩→麻田県
狭山藩→堺県
伯太藩→伯太県
岸和田藩→岸和田県
丹南藩→丹南県
三上藩→吉見県
→**大阪府**

和歌山藩→和歌山県
田辺藩→田辺県
新宮藩→新宮県
→**和歌山県**

福岡藩→福岡県
秋月藩→秋月県
小倉藩→豊津県
小倉新田藩→千束県
柳川藩→柳川県
久留米藩→久留米県
三池藩→三池県
松山藩→松山県
→福岡県
佐賀藩→佐賀県
唐津藩→唐津県
蓮池藩→蓮池県→佐賀県
小城藩→小城県
鹿島藩→鹿島県
平戸新田藩↓
平戸藩→平戸県
島原藩→島原県
五島藩（福江藩）→福江県→長崎県
大村藩→大村県
府中藩→厳原県
佐伯藩→佐伯県
森藩→森県
熊本新田藩
宇土藩↓
熊本藩→熊本県
人吉藩→人吉県
→熊本県
高鍋藩→高鍋県
延岡藩→延岡県
佐土原藩→佐土原県
飫肥藩→飫肥県
→宮崎県
鹿児島藩→鹿児島県→鹿児島県
琉球国→琉球藩→沖縄県
松江藩→松江県
広瀬藩→広瀬県
母里藩→母利県→島根県
浜田藩→浜田県
津和野藩↑
鳥取新田藩（鹿奴藩）↓
鳥取藩→鳥取県→鳥取県
島根県から
分離再置
鳥取新田藩（若桜藩）↑
徳山藩↓
山口藩→山口県
岩国藩→岩国県→山口県
清末藩→清末県
長府藩→豊浦県
津山藩→津山県
浜田藩→鶴田県
勝山藩→真島県
岡山藩→岡山県
岡山新田藩（生坂藩）→生坂県
岡山新田藩（鴨方藩）→鴨方県
→岡山県
岡田藩→岡田県
足守藩→足守県
庭瀬藩→庭瀬県
新見藩→新見県
浅尾藩→浅尾県
松山藩→高梁県
成羽藩→成羽県
宇和島藩→宇和島県
大洲藩→大洲県
新谷藩→新谷県
吉田藩→吉田県
今治藩→今治県
小松藩→小松県
西条藩→西条県
松山藩→松山県
→愛媛県
高知藩→高知県→高知県
中津藩→中津県
岡藩→岡県
臼杵藩→臼杵県
杵築藩→杵築県
日出藩→日出県
府内藩→府内県
佐伯藩→佐伯県
森藩→森県
→大分県

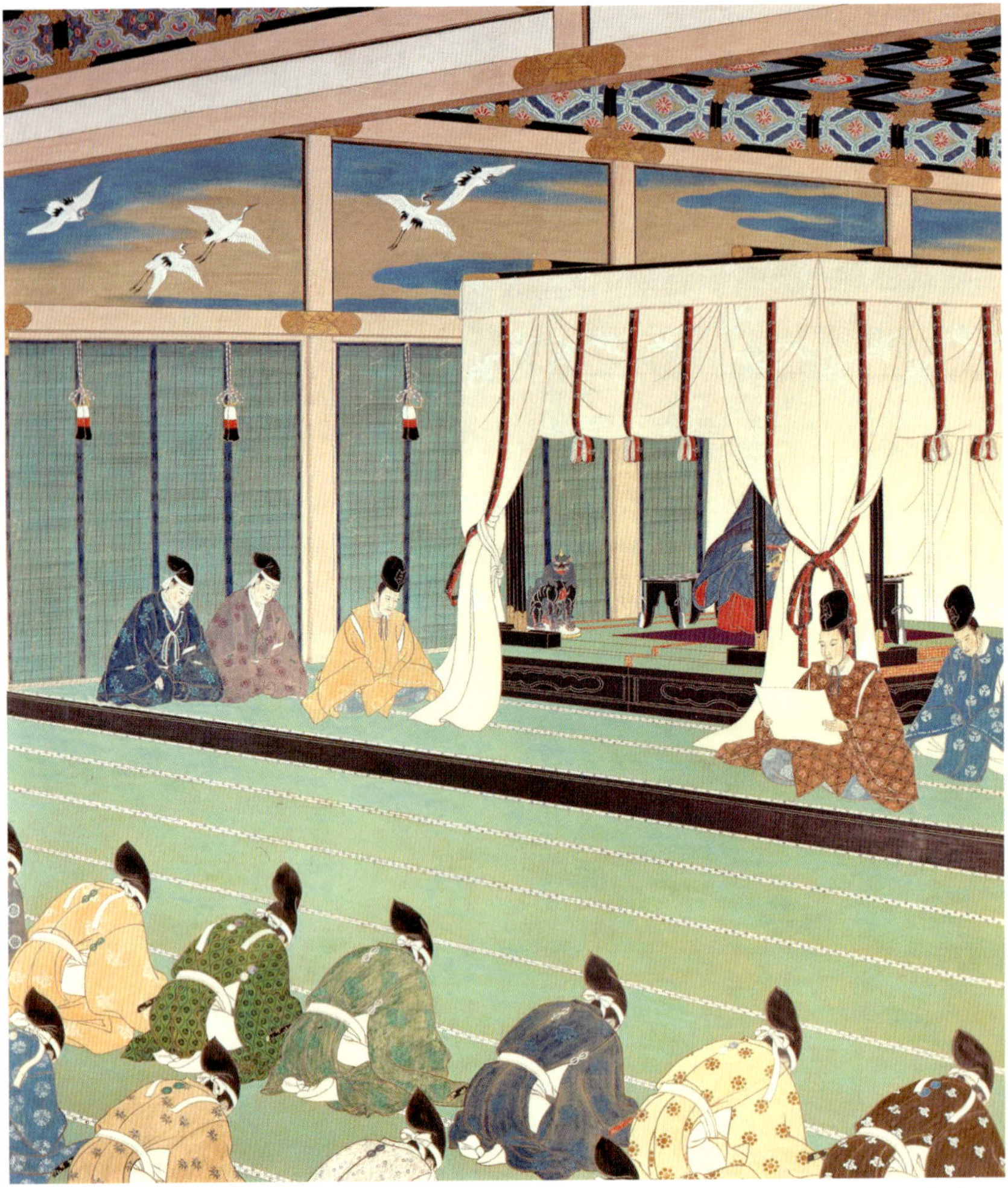

廃藩置県■御座所（東京・皇居）の天皇の前で廃藩置県の詔が読み上げられている場面。詔を読み上げているのは三条実美で、絵画の下部で平伏しているのが知藩事である。これによって藩は廃され、県となり、知事が中央政府から送られるようになった。この壁画を描いたのは、現在の栃木県佐野市出身の小堀鞆音という日本画家である。小堀鞆音はこの壁画を昭和６年10月に奉納したが、その直後に死去した。壁画の評価としては、絵の具の色使いがうまく、他の壁画よりも劣化に強いといわれている　画題：廃藩置県・画家：小堀鞆音・聖徳記念絵画館蔵

大名が「一号令」のもとで藩を差し出すであろうか。戦争になるかもしれない。そのときは、「兵を用いる必要」がある。その覚悟はあるかと尋ねたところ、西郷と山県が「兵は吾々が引き受ける」と答えた。

諸藩の反乱を予想し、それに対しては武力行使も辞さない覚悟をしていたようである。西郷も廃藩後の七月二十日の桂久武宛ての手紙で、「旧習」を散ずるのであるから、事によっては「異変」がおこるかもしれないが、そのときは「戦い」をもって決する、と報じている。

たしかに、反乱は危惧されていた。しかし、武力蜂起がまったくなかったのは、なぜだろうか。四つの理由があげられる。

島津久光画像■幕末の薩摩藩における事実上の最高権力者。廃藩置県には反対の立場で、実施に際して激怒したという。その後は明治政府で内閣顧問や左大臣を任じられたが、意思決定に関わることはできなかった　尚古集成館蔵　松尾千歳著『シリーズ・実像に迫る 011 島津斉彬』（戎光祥出版、2018年）より転載

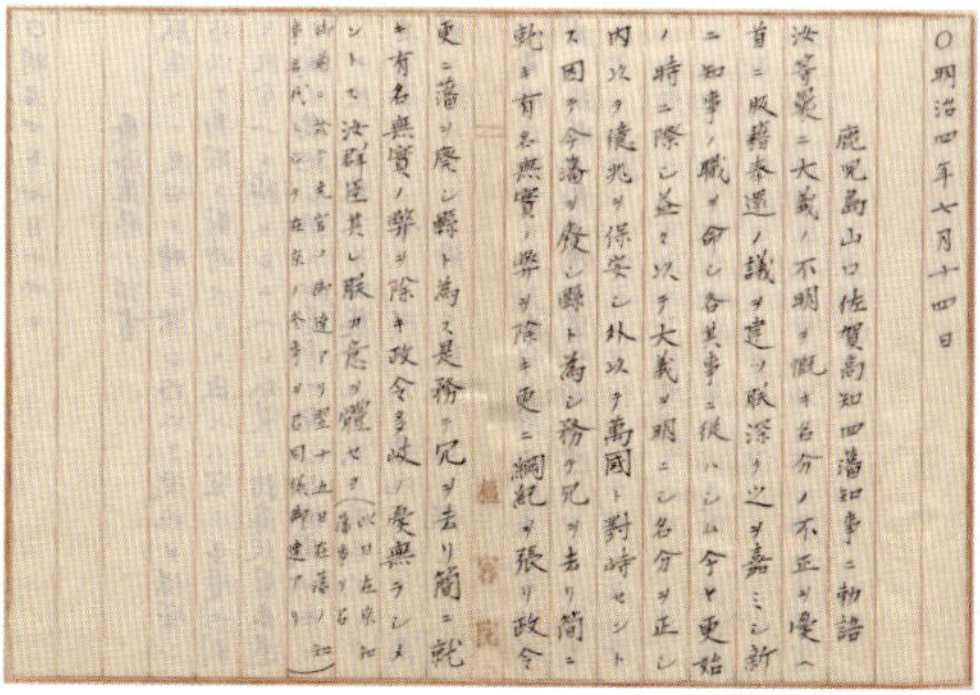

○明治四年七月十四日
鹿児島山口佐賀高知四藩知事ニ勅語
汝等曩ニ大義ノ不明ヲ慨キ名分ノ不正ヲ憂ヘ
首ニ版籍奉還ノ議ヲ建ツ朕深ク之ヲ嘉ミシ新
ニ知事ノ職ヲ命シ各其事ニ従ハシム今ヤ更始
ノ時ニ際シ益々大義ヲ明ニシ名分ヲ正シ
内以テ億兆ヲ保安シ外以テ萬國ト對峙セント
ス因テ今藩ヲ廃シ縣ト為シ務テ冗ヲ去リ簡ニ
就キ有名無實ノ弊ヲ除キ更ニ綱紀ヲ張リ政令
更ニ藩ヲ廃シ縣ト為ス是務テ冗ヲ去リ簡ニ就
キ有名無實ノ弊ヲ除キ政令多岐ノ憂無ラシメ
ントス汝群臣其レ朕カ意ヲ體セヨ

廃藩置県ノ詔書■万国と対峙するために、藩を廃して県とするという廃藩置県の目的が書かれている　国立公文書館蔵

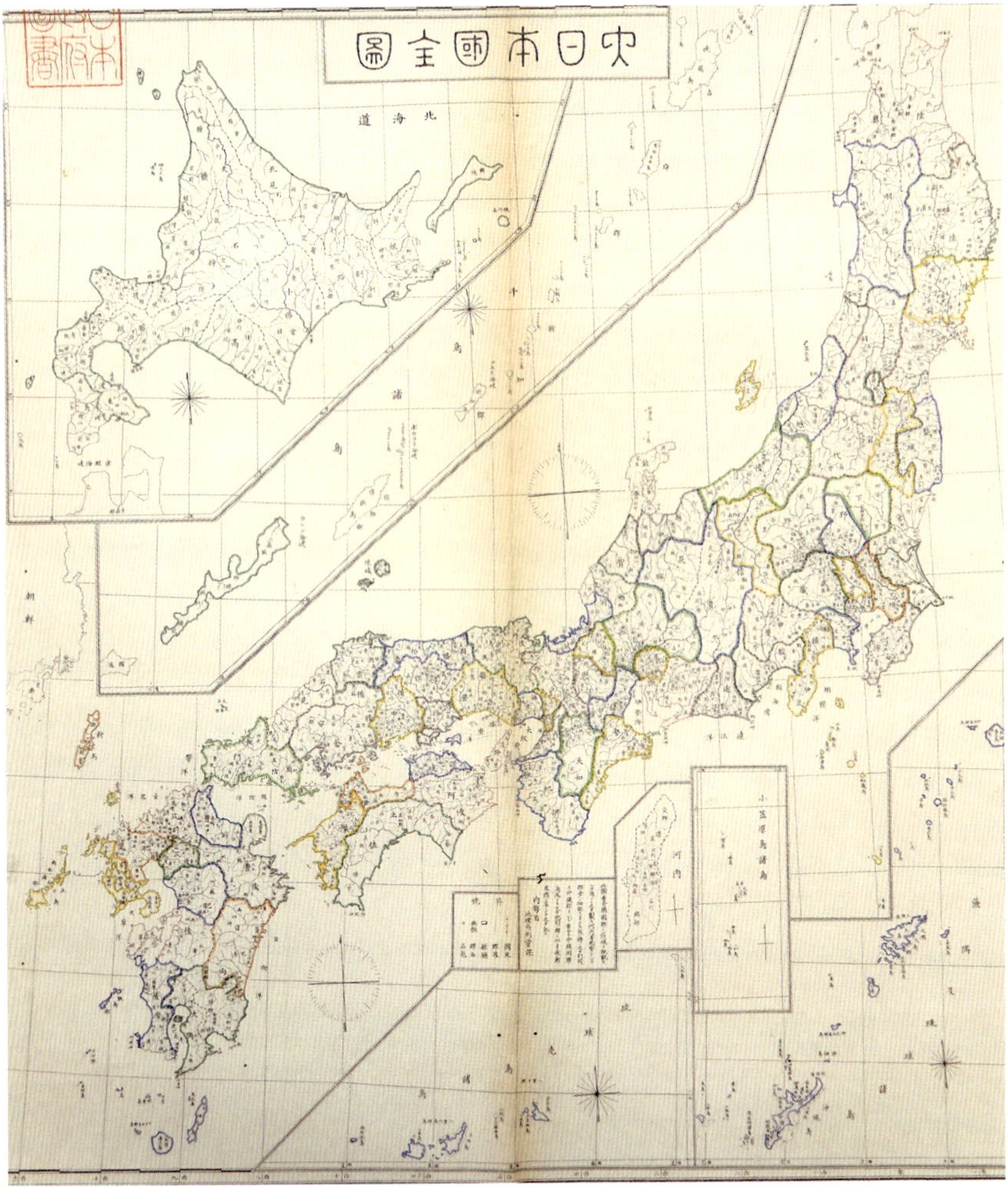

大日本国全図■旧幕府時代の地図に明治４年 11 月時点の府県の配置を書き入れたものである。廃藩置県の断行とともに、日本の地図も変わっていった　国立公文書館蔵

第一は、版籍奉還の規制力である。版籍奉還によって藩主たちは、天皇から知藩事に任じられ、任免権は天皇が握ることを承認した。廃藩置県とは、天皇が知藩事全員を罷免（廃藩）し、その管轄地を県とするものである。天皇の命令に反抗して、反乱の大義名分を掲げることはできない。

第二は、御親兵の存在である。この政府直轄軍を前にして、武力蜂起しても勝ち目はない。御親兵の内部分裂に期待し、一部とともに反乱を起こすことも考えられる。しかし、御親兵は西郷が統率しており、可能性は無きに等しい。

第三は、知藩事と士族に対する優遇策である。廃藩置県により、政府が藩債と藩札を肩代わりすることとした。知藩事は、苦しめられていた借金から解放され、士族とともに家禄を保障されたのである。さらに、知藩事にはさらなる身分の向上がもたらされた。版籍奉還後、知藩事は華族（武家華族）となっていたが、公家華族とは別であった。廃藩後は区別をなくし、両者

県名変更年月日	旧県名	新県名	備　考
明治4年　9月23日	弘前県	青森県	旧藩名→県庁所在地地名
11月　6日	姫路県	飾磨県	旧藩名→地名
11月14日	二本松県	福島県	旧藩名→県庁所在地地名
11月29日	平県	磐前県	旧藩名→県庁所在地地名
12月13日	一関県	水沢県	旧藩名→県庁所在地地名
12月20日	福井県	足羽県	旧藩名→県庁所在地郡名
明治５年　1月　8日	盛岡県	岩手県	旧藩名→県庁所在地郡名（北岩手郡）
1月　8日	仙台県	宮城県	旧藩名→県庁所在地郡名
1月19日	大津県	滋賀県	旧代官所名→県庁所在地郡名
2月　2日	金沢県	石川県	旧藩名→県庁所在地郡名
2月　9日	松山県	石鉄県	旧藩名→山名（石鉄山）
2月27日	長浜県	犬上県	地名→郡名
3月17日	安濃津県	三重県	安濃津郡から三重郡四日市市への県庁移転
4月　2日	名古屋県	愛知県	旧藩名→県庁所在地郡名
5月29日	伊万里県	佐賀県	地名→旧藩名（県庁移転）
6月　5日	深津県	小田県	郡名→郡名（県庁移転）
6月14日	熊本県	白川県	旧藩名→川名（県庁移転。明治９年には再び熊本県）
6月23日	宇和島県	神山県	旧藩名→山名（出石山を神山と称したことによる）

表7　廃藩置県後１年間の県名変更■大島美津子『明治国家と地域社会』（岩波書店、1994年）19頁をもとに作成

を同じくしたのである（公家との一体化による身分上昇）。
第四は、知藩事自身が反乱防止に努めたことである。いくつかの藩では、旧知藩事が旧藩士に対し、廃藩という「天恩」に報いて朝廷に尽せ、と語りかけている。君臣関係は制度的には、版籍奉還によって廃されていた。しかし、すぐに消滅するわけではない。不満を持つ旧藩士もこうした元藩主の言葉を無視して、反乱を起こすことは難しい。

何の前触れもなく、一通の詔書によって廃藩置県は断行された。前藩主（知藩事）の反対は一切無かった（鹿児島藩の島津久光が不満のあまり、花火を打ち上げたくらい）。天皇の命令が日本全体に行きわたったのである。

天皇を中心とする中央集権国家は、廃藩置県によって実現した。維新政府から明治政府の誕生である。そして、明治政府は国家目標である万国対峙に向け、新たなスタートに立つのである。

現在の江戸城跡と皇居■東京都千代田区

【参考文献】
青山忠正『明治維新』（吉川弘文館、二〇一二年）
浅井　清『明治維新と郡県思想』（巌南堂書店、一九三九年）
家近良樹『西郷隆盛』（ミネルヴァ書房、二〇一七年）
石井寛治『明治維新史』（講談社学術文庫、二〇一八年）
井上勝生『幕末・維新』（岩波新書、二〇〇六年）
大久保利謙『明治維新の政治過程　大久保利謙歴史著作集1』（吉川弘文館、一九八六年）
大島美津子『明治国家と地域社会』（岩波書店　一九九四年）
奥田晴樹『維新と開化』（吉川弘文館、二〇一六年）
奥田晴樹『明治維新と府県制度の成立』（ＫＡＤＯＫＡＷＡ、二〇一八年）
落合弘樹『秩禄処分』（講談社学術文庫、二〇一五年）
勝田政治『廃藩置県―「明治国家」が生まれた日―』（講談社、二〇〇〇年。のち角川ソフィア文庫、二〇一四年）
勝田政治『〈政事家〉大久保利通』（講談社、二〇〇三年。のち角川ソフィア文庫、二〇一五年）
勝田政治『明治国家と万国対峙』（ＫＡＤＯＫＡＷＡ、二〇一七年）
佐々木克『幕末史』（ちくま新書、二〇一四年）
佐藤誠朗『近代天皇制形成期の研究』（三一書房、一九八七年）
下山三郎『近代天皇制研究序説』（岩波書店、一九七六年）
千田　稔『維新政権の秩禄処分』（開明書院、一九七九年）
高橋秀直「廃藩置県における権力と社会」（山本四郎編『近代日本の政党と官僚』東京創元社、一九九一年）
中野渡一耕「七戸藩日記類にみる同藩成立期の諸問題」（『弘前大学国史研究』一四二、二〇一七年）

長野　暹編　『西南諸藩と廃藩置県』（九州大学出版会、一九九七年）
中村　哲　『明治維新』（集英社、一九九二年）
丹羽邦男　『地租改正法の起源』（ミネルヴァ書房、一九九五年）
萩原延壽　『帰国　遠い崖―アーネスト・サトウ日記抄8』（朝日文庫、二〇〇八年）
原口　清　『日本近代国家の成立　原口清著作集4』（岩田書院、二〇〇八年）
松尾正人　『廃藩置県』（中公新書、一九八六年）
松尾正人　『維新政権』（吉川弘文館、一九九五年）
松尾正人　『廃藩置県の研究』（吉川弘文館、二〇〇一年）
宮武外骨　『府藩県制史』（名取書店、一九四一年）
宮地正人　『幕末維新変革史　下』（岩波書店　二〇一二年）
明治維新史学会編　『講座明治維新3　維新政権の創設』（有志舎、二〇一一年）

【基本史料集】
『岩倉公実記』上・中（原書房復刻版、一九六八年）
『岩倉具視関係文書』三・四・五（日本史籍協会編、東京大学出版会、一九八三年復刻版）
『大久保利通日記』一・二（日本史籍協会編、東京大学出版会、一九八三年復刻版）
『大久保利通文書』二・三・四（日本史籍協会編、東京大学出版会、一九八三年復刻版）
『大隈伯昔日譚』（明治文献、一九七二年復刻版）
『木戸孝允日記』一・二（日本史籍協会編、東京大学出版会、一九八五年復刻版）
『木戸孝允文書』三・四・八（日本史籍協会編、東京大学出版会、一九八六年復刻版）

『西郷隆盛全集』二・三（大和書房、一九七八年）
『世外侯事歴　維新財政談』（マツノ書店、二〇一五年復刻版）
『保古飛呂比　佐佐木高行日記』二～五（東京大学出版会、一九七二～四年）
『復古記』一～一五（東京大学出版会、一九七四年復刻版）
『明治天皇紀』一・二（吉川弘文館、一九六八・九年）

版籍奉還・廃藩置県関連年表

年代	西暦	月日	事項
慶応三	一八六七	十月十四日	将軍徳川慶喜、大政奉還。
		十一月二日	薩摩藩士寺島宗則、版籍奉還を薩摩藩主島津忠義に建議。
		十二月九日	王政復古の大号令。
		十二月十日	徳川慶喜に辞官納地を命じる。
慶応四	一八六八	一月三日	鳥羽・伏見の戦い、戊辰戦争始まる。
明治元		一月十日	旧幕府領を新政府の直轄地とする。
		一月十七日	三職七科の制を定める。
		二月三日	天皇親征の詔を発布。
		二月十一日	諸藩を三区分（大藩・中藩・小藩）。
		二月	木戸孝允、版籍奉還を建議。
		三月十四日	五か条の誓文。
		閏四月二十一日	政体書を定め、府藩県三治体制とする。
		七月十七日	江戸を東京とする。
		九月八日	明治と改元し、一世一元の制を定める。
		十月二十八日	藩治職制を定める。
		十一月	姫路藩主、版籍奉還を建議。
			兵庫県知事伊藤博文、版籍奉還建議。
		十二月七日	戊辰戦争における東北諸藩処分発表。
明治二	一八六九	一月二十日	薩長土肥四藩主、版籍奉還を建議。
		一月二十四日	因州藩主、版籍奉還を建議（以後、各藩主が相次いで版籍奉還を建議）。
		二月五日	府県施政順序を定める。
		五月四日	公議所で諸藩が封建・郡県論を展開。

		五月十八日	榎本武揚軍降伏（戊辰戦争終結）。
		六月二日	戊辰戦争の戦功賞典を発表。
		六月十七日	版籍奉還を許可し、藩主を知藩事に任命。公卿・藩主を華族とする。
		六月二十五日	各藩に諸務変革を命じる。
		七月八日	職員令を定める（府藩県三治体制の確定）。
		七月二十七日	府県奉職規則を定める。
		八月十五日	蝦夷地を北海道と改称する。
		十月	狭山藩知事、廃藩を建議。
		十二月二十四日	吉井藩知事、廃藩を建議。
		十二月二十六日	吉井・狭山両藩の廃藩。
明治三	一八七〇	一月	山口藩脱隊騒動おこる（二月に鎮圧される）。
		三月	盛岡藩知事、廃藩を建議。
		五月二十八日	集議院で「藩制」の審議始まる。
		七月十日	盛岡藩の廃藩。
		八月二十四日	鞠山藩知事、廃藩を建議。
		八月	岩倉具視、「建国策」の作成にとりかかる。
		九月初め	大隈重信、「全国一致の論議」を提出。
		九月十日	「藩制」を定める。
		九月十七日	鞠山藩の廃藩。
		十月二日	藩の常備兵編制方式を定める。
		十月十九日	長岡藩知事、廃藩を建議。
		十月二十二日	長岡藩の廃藩。
		十一月十三日	徴兵規則を定める。
		十一月	福本藩知事、廃藩を建議。

		十一月二三日	福本藩の廃藩。
		十二月十八日	勅使岩倉具視一行、鹿児島到着。
		十二月二十二日	高須藩知事、廃藩を建議。
		十二月二十三日	高須藩の廃藩。
		十二月	鳥取藩知事、廃藩を建議。
		十二月末	西郷隆盛、政治意見書を提出。
明治四	一八七一	一月	徳島藩知事、廃藩を建議。
			多度津藩知事、廃藩を建議。
		二月五日	多度津藩の廃藩。
		二月十三日	鹿児島・山口・高知三藩から藩兵を徴して、御親兵とする。
		三月二十七日	丸亀藩知事、廃藩を建議。
		三月	熊本藩知事、辞職願を提出。
		四月十日	丸亀藩の廃藩。
		四月	岩倉具視「大藩同心意見書」を作成。
		五月十五日	徳山藩知事、廃藩を建議。
			竜岡藩知事、廃藩を建議。
		五月二十二日	津和野藩知事、廃藩を建議。
		五月	名古屋藩知事、州制度を建議。
		六月二日	竜岡藩の廃藩。
		六月十九日	徳山藩の廃藩。
		六月	大溝藩知事、廃藩を建議。
		六月二十三日	大溝藩の廃藩。
		六月二十五日	津和野藩の廃藩。
			木戸孝允・西郷隆盛の両名、参議就任。

七月二日	福岡藩知事、罷免される。
七月四日	山口藩知事・鹿児島藩知事・高知藩知事・名古屋藩知事・元福井藩主に国事諮詢を命じる。
	山県有朋・鳥尾小弥太・野村靖会談、鳥尾・野村が廃藩置県を提起。
七月五日	制度取調会議の開会。
	井上馨・鳥尾小弥太・野村靖会談、井上廃藩に同意。
七月六日	井上馨・木戸孝允会談、木戸廃藩に同意。
	西郷隆盛・山県有朋会談、西郷廃藩に同意。
	西郷隆盛・大久保利通会談、大久保廃藩に同意。
七月九日	鹿児島・山口両藩、廃藩置県断行について秘密会談、廃藩決定。
七月十日	廃藩置県の発令日を七月十四日と決定。
七月十二日	三条実美・岩倉具視に廃藩断行が知らされる。
	山口藩知事、辞職願を提出。
七月十四日	廃藩置県の詔書が出る。三府三〇二県となる。
	大隈重信・板垣退助の両名、参議就任。
十月二十八日	府県官制を定める。
十一月二十七日	県治条例を定める。
十一月	県を改廃。三府七十二県となる。

【著者略歴】

勝田政治（かつた・まさはる）

1952年新潟県生まれ。

早稲田大学大学院文学研究科博士課程単位取得退学。博士（文学・早稲田大学）。

現在、国士舘大学文学部教授。

主な著書に、『内務省と明治国家形成』（吉川弘文館、2002年）、『小野梓と自由民権』（有志舎、2010年）、『廃藩置県』（角川ソフィア文庫、2014年）、『大政事家　大久保利通』（角川ソフィア文庫、2015年）、『大久保利通と東アジア』（吉川弘文館、2016年）、『明治国家と万国対峙』（角川選書、2017年）などがある。

シリーズ・実像に迫る020

江戸《えど》三百藩《さんびゃっぱん》の崩壊《ほうかい》——版籍奉還《はんせきほうかん》と廃藩置県《はいはんちけん》

2019年5月8日　初版初刷発行

著　者　勝田政治

発行者　伊藤光祥

発行所　戎光祥出版株式会社

〒102-0083 東京都千代田区麹町1-7 相互半蔵門ビル8F

TEL：03-5275-3361（代表）　FAX：03-5275-3365

https://www.ebisukosyo.co.jp

編集協力　株式会社イズシエ・コーポレーション

印刷・製本　日経印刷株式会社

装　丁　堀　立明

ISBN：978-4-86403-320-6